Nevio Zucca

L'ABC
del Marketing B2B

Il successo della tua PMI dipende da quanto ne sai di questi 21 fattori

#abcmarketingb2b

Prefazione di Fabrizio Rondo

Applicazioni di marketing pratiche ed essenziali per far prosperare un'impresa.

L'Ippogrifo®

Copyright© - Nevio Zucca

Foto di copertina: Ronnie Roselli

Progetto Grafico: Guendalina Garlato

Supervisione ai contenuti: Anna Semino e Sara Parisotto

L'opera, in tutte le sue parti, è tutelata dalla legge sul diritto d'autore.
Tutti i diritti sono riservati.

Nessuna parte di questo libro può essere riprodotta tramite alcun procedimento meccanico, fotografico o elettronico, o sotto forma di registrazione fonografica, né può essere immagazzinata in un sistema di reperimento dati,
o altrimenti essere copiato per uso pubblico o privato senza previa autorizzazione scritta dell'editore.

RINGRAZIAMENTI

Desidero ringraziare tutti coloro che hanno contribuito alla realizzazione di questo mio primo libro.

Ringrazio innanzitutto mio fratello Andrea, socio in diverse attività, che mi ha dato l'opportunità di entrare nel mondo del marketing. La fortuna di avere un bagaglio così importante di competenze in ambito marketing B2B la devo a lui.

Un ringraziamento a Nella e Giulio, i miei genitori.

È grazie a Nella che ho imparato che cosa significa metterci amore, passione e costanza nel lavoro.

Esprimo gratitudine a Giulio per avermi insegnato quanto importante sia fare esperienza e avermi trasmesso la passione per il vino, ma solo quello buono.

Sono anche riconoscente a tutti i Clienti dell'Agenzia, è grazie a loro che trovo quotidianamente i riscontri necessari per andare avanti cercando un costante miglioramento.

Un grazie infinito a tutto il team de L'Ippogrifo® che ogni giorno lavora per far crescere le aziende italiane.

Vorrei infine ringraziare mia moglie Waraporn, una persona unica, compagna di un sacco di avventure e donna dai valori d'altri tempi.
Grazie per la pazienza!

INDICE

Ringraziamenti

Prefazione

Preambolo

Introduzione

A – Autorevolezza — pg 13

B – Budget — pg 19

C – Contenuti — pg 23

D – Database — pg 30

E – E-mail Marketing — pg 36

F – Funnel — pg 44

G – Google — pg 50

H – Human resources — pg 56

I – Immagine aziendale, identity — pg 69

L – Lead generation — pg 74

M – Marketing diretto — pg 86

N – Nurturing — pg 92

O – Opinion leader — pg 99

P – Posizionamento — pg 103

Q – Qualità — pg 108

R – Rete vendita — pg 112

S – Social Network — pg 117

T – Target — pg 128

U – Up selling e Cross selling — pg 132

V – Video   pg 137

Z – Zero Moment of Truth   pg 142

Casi Studio   pg 146

Conclusioni   pg 152

Bonus   pg 153

PREFAZIONE

di Fabrizio Rondo

Ho conosciuto Nevio circa una decina di anni fa, in occasione del lancio di una nuova business unit in un'azienda partner per un supporto di marketing strategico ed operativo.

La collaborazione lavorativa continua ma l'aspetto di maggior valore creatosi con Nevio nel tempo, è un regolare confronto professionale sul tema del marketing ed in particolare del cambiamento, dell'innovazione e dei trend, temi di cui io mi occupo nell'attività di docenza universitaria e di consulenza alle imprese e che grosso impatto stanno avendo nella definizione delle strategie in ogni ambito del business.

"Viviamo in un mondo di cambiamento che sarà sempre più rapido e profondo; dobbiamo smettere di fare le cose che abbiamo sempre fatto e cominciare a cambiare qualche regola del gioco."

Il marketing è disciplina nota e con contributi e bibliografia estesa e di grande valore e Nevio con questa consapevolezza, ispirandosi ad un ben conosciuto mercato della PMI, ha voluto elaborare un " white paper" operativo dedicato a chi in azienda si occupa di marketing o semplicemente ne vuole saperne di più.

Un percorso originale e pragmatico guidato dalle lettere dell'alfabeto che rappresentano i 21 "ingredienti" fondamentali di un nuovo marketing, ma anche uno spunto di riflessione per l'imprenditore o il manager per comprendere di più ed applicarli con successo nella propria azienda.

Buona lettura.

Fabrizio Rondo

www.praticacompany.biz

PREAMBOLO

di Danilo Arlenghi

E' con grande entusiasmo, piacere ed onore che mi appresto a scrivere questa breve chiosa al libro del caro amico Nevio Zucca. Un vero manuale pratico come 'L'ABC del Marketing B2B' destinato a tutti gli attori del business ma in particolare ai manager e imprenditori di quelle imprese che hanno come clienti altre aziende, è indispensabile per creare una iniziale cultura di marketing e per indicare effettivamente come si applica sul campo. Apprezzo moltissimo la concretezza con la quale l'opera è stata concepita e formulata: poca teoria e tanta pratica, ciò che realmente serve ai lettori che rimarranno soddisfatti dei contenuti, facile ed immediata consultazione grazie ai 21 concetti basilari codificati e associati alle altrettante lettere dell'alfabeto, traduzione dei concetti in strategie operative già realizzate evitando dunque perdite di tempo ed errori.

Ho conosciuto Nevio circa 18 anni fa quando era all'inizio della sua carriera, e gli proposi di essere il vicepresidente della sezione Triveneto del Club del Marketing e della Comunicazione (della quale è Presidente il suo "grande" fratello Andrea). Da allora è stato un formidabile excursus di collaborazioni reciproche poiché ho fin da subito ammirato l'uomo, serio, onesto, trasparente, gentile e socievole, per poi apprezzare il professionista pragmatico che si affermava, stimare il consulente qualificato che dimostrava di essere, ed ancora gradire i suoi continui sforzi nella divulgazione dei concept e delle best practice del marketing B2B dei quali questo suo primo libro è ulteriore fulgido esempio. Diceva Confucio a proposito di metodi comunicativi, più di 2500 annni or sono, con una lungimiranza ai giorni nostri : "Dimmi e dimenticherò", "Mostrami e forse ricorderò", "Coinvolgimi e comprenderò" L' impareggiabile saggio di Nevio Zucca piacevolmente dice, concretamente mostra e naturalmente coinvolge!

Danilo Arlenghi

Presidente Nazionale Club del Marketing e della Comunicazione

www.clubmc.it

INTRODUZIONE

Ho cominciato a lavorare nel mondo del marketing più di 15 anni fa. Ho avuto la fortuna di inserirmi presso l'agenzia della quale ora sono uno dei soci quando a Trieste c'era la frontiera con l'allora Jugoslavia. E il mio primo lavoro era proprio lì, sul confine con quella che poi è diventata la Slovenia. Ma cosa c'entra il marketing con i confini di Stato? Più di 20 anni fa L'Ippogrifo® si occupava di editoria, aveva varie riviste che io andavo a distribuire alle persone nelle proprie macchine, in coda tra i due confini. Queste riviste erano rivolte a chi in quel tempo veniva a Trieste per fare acquisti, c'era ancora la Lira e per la clientela jugoslava acquistare in Italia era molto conveniente. Fu quella la mia prima esperienza lavorativa e dopotutto si può anche considerare un'azione di marketing.

Col passare del tempo mi sono conquistato un po' alla volta degli spazi fino ad arrivare ai vertici dell'agenzia, quindi sono partito dalla base – dalla vera e propria gavetta – avendo la fortuna di vedere tutta la crescita dell'impresa, che da editore si è sviluppata fino a diventare la realtà attuale specializzata in marketing e vendite B2B.

Ormai sono più di 15 anni che sono in prima linea nell'ideare e applicare piani di marketing per lo sviluppo delle imprese ed è così che ho avuto modo di testare, sperimentare e, infine, identificare quelli che si possono definire i fattori chiave del marketing B2B, ovvero quegli elementi che tutte le aziende di successo applicano per ottenere una costante crescita del proprio business.

Preparando poi una delle conferenze sul marketing per l'università di Trieste, mi sono accorto che i concetti di base della disciplina del marketing sono poco più di una ventina, proprio come la quantità di lettere dell'alfabeto italiano. Da qui l'idea di tradurre i concetti in strategie operative già codificate, creando un vero e proprio ABC del marketing B2B per le piccole e medie imprese.

Ogni lettera dell'alfabeto rappresenta un principio di base delle strategie di marketing ed è un fattore chiave che interessa qualsiasi impresa, ma soprattutto quelle che hanno come clienti altre aziende (B2B).

Per avere successo una PMI deve per forza prendere in considerazione questi principi, perché sono tutte vitamine essenziali per l'organismo aziendale. Perciò tralasciare uno di questi elementi potrebbe portare gravi danni alla salute di qualsiasi attività imprenditoriale.

Troppe aziende sottovalutano tali aspetti del marketing, oppure iniziano a prenderli in considerazione quando ormai è già troppo tardi. Fortunatamente ci sono anche molte imprese virtuose in Italia e ho notato che in tutte queste, non a caso, c'è il controllo di questi 21 fattori (o quantomeno la consapevolezza della loro importanza).

Questo testo è rivolto soprattutto a chi deve svolgere direttamente o indirettamente attività di marketing in azienda e vuole acquisire maggiori conoscenze sul tema.

Non mi è mai piaciuta più di tanto la teoria: sono molto concreto e vivo di operatività quotidiana, quindi ciò che descrivo è frutto di una precisa esecuzione e dell'osservazione dei risultati. Insieme alle spiegazioni dei vari concetti, chi legge potrà applicare fin da subito nella sua impresa delle attività pratiche. Consiglio di delegare alcune strategie a dei professionisti ma, per farlo nel modo giusto, è importante prima conoscerle.

Preciso che, nel marketing come in molte altre discipline, non esiste la tecnica infallibile o quella che va sempre bene, quindi invito a testare, se necessario anche più volte senza troppi timori: solo così si potrà riscontrare un risultato e replicare il processo integrandolo costantemente in base alle esigenze.

Le indicazioni che riporto sono già sperimentate ampiamente perciò danno l'opportunità di evitare gli errori più comuni e di ottenere risultati più rapidamente.

Per agevolare l'applicazione dei principi troverai durante la lettura delle aree segnalate graficamente con una matita. Quelle sono le situazioni in cui puoi fare esperienza pratica dei concetti trattati nel libro.

Ora, si comincia! Tenendo a mente questa frase illustre:

"Crea nella mente del potenziale cliente la percezione che non ci sia sul mercato alcun prodotto come il tuo." (Al Ries)

Buona lettura.

Nevio Zucca

NEVIO ZUCCA

Questo libro è rivolto a chiunque abbia a che fare con il marketing business to business (B2B) e creda che solo attraverso questa disciplina un'azienda possa svilupparsi costantemente.

nevio.zucca@ippogrifogroup.com
Ogni comunicazione sarà la benvenuta.

www.ippogrifogroup.com

 AUTOREVOLEZZA

È questa la parola chiave, è questo il segreto del tuo successo. L'autorevolezza è l'elemento che ti farà fare il **"salto di qualità"**. Un'azienda autorevole è percepita come "la migliore", quella che offre il prodotto più eccellente, quella che fa vivere un'esperienza superiore. Se riuscirai a rendere la tua impresa autorevole agli occhi dei tuoi clienti allora avrai fatto centro perché riuscirai a **sviluppare il business con maggior facilità**. Un'impresa autorevole è riconosciuta dagli altri come leader indiscussa di un settore. L'autorevolezza però **si ottiene nel tempo**, non è un percorso né semplice né veloce ma è l'obiettivo al quale ogni azienda deve ambire, anche se piccola o micro. Essere autorevole infatti non è questione solo di grandi brand.

Cosa bisogna fare per diventare una realtà autorevole? Sono molti gli elementi che contribuiscono ad ottenere autorevolezza, certamente una delle cose più importanti è **offrire un prodotto o un servizio specifico a un target ben definito**. La specializzazione gioca un ruolo fondamentale. Solo attraverso di essa l'azienda può essere riconosciuta come autorevole. Sembra un concetto basilare e lampante, ma oggi uno dei grandi problemi delle aziende italiane è quello di avere un'offerta troppo ampia, poiché la maggior parte degli imprenditori pensa che un'offerta più vasta corrisponda a un maggior numero di clienti acquisibili. Nulla di più errato, soprattutto per una PMI. Se si amplia eccessivamente l'offerta si diventa sicuramente troppo generalisti e chi è generalista avrà difficoltà ad essere percepito come autorevole.

Identifica la tua **nicchia di mercato** e lavora per diventare il suo **punto di riferimento**. Bisogna per forza **focalizzarsi e specializzarsi** su una particolare materia per poter dire di conoscerla meglio di chiunque altro ed essere quindi riconosciuti come autorevoli. L'azienda deve avere un posizionamento chiaro (di questo aspetto ne parleremo successivamente).

Come fare se scopri di avere un'azienda troppo generalista che offre troppe soluzioni magari a target differenti?

L'esercizio da farsi in questi casi è andare a verificare quanto fatturato genera ogni singolo prodotto o servizio offerto, per tagliare tutto ciò che è insignificante dal punto di vista del fatturato. Più volte riscontro un'offerta estesa che non ha motivo di esistere. Quindi perché andare a creare confusione nella mente del prospect comunicando un offering di questo tipo? Questa è una domanda basilare che ogni azienda dovrebbe porsi.

"Vendi un vantaggio, non la tua azienda o il tuo prodotto: le persone acquistano risultati." (Jay Abraham)

Quello che è poi determinante è riuscire ad offrire un prodotto o un servizio che funzioni alla grande, che sia il migliore sul mercato, che sia **incomparabile e che superi le aspettative** del cliente che deve vivere un'esperienza unica (la cosiddetta *user experience*) perché è questo che oggi fa la differenza.

"Non mi preoccupa chi pratica il 5% in meno, Mi preoccupa chi potrebbe offrire un'esperienza migliore" (Jeff Bezos)

Devi lavorare molto sulla **comunicazione**. Per essere un punto di riferimento devi **produrre contenuti costantemente**: scrivi degli articoli, scrivi un libro, fai dei webinar, fai delle live su Facebook, insomma non puoi risparmiarti su questo altrimenti l'autorevolezza non la otterrai mai.

Tutta la comunicazione deve essere improntata su quegli elementi differenzianti che ha solo la tua impresa, sul **valore aggiunto** che solo la tua azienda o il tuo prodotto/servizio può dare al mercato.

"La chiave della la vita è capire come aggiungere valore agli altri."
(Jay Abraham)

Ogni singolo strumento di comunicazione, ogni post (blog, social ecc.), ogni comunicato, devono andare nella direzione di cavalcare l'onda della **differenziazione**. È necessario insistere nell'attività di comunicazione in maniera aggressiva, perché il mercato odierno è diventato un vero e proprio ring. La competizione è globale, bisogna comunicare con forza i propri elementi differenzianti cercando di **occupare tutti gli spazi di comunicazione possibili** (presenziare quindi sul maggior numero di media adeguati al target è un *must*).

Oggi ci sono a disposizione anche degli strumenti che permettono al tuo brand di circolare con frequenza aumentando quindi la reputazione aziendale. Mi riferisco per esempio al "**remarketing**" (o retargeting) che nel B2B è una delle strategie migliori per aumentare la *brand awareness* considerando costi/benefici del servizio. Consiste nell'inseguire il potenziale cliente quando naviga il web con una serie di banner. Ti sarà capitato di fare una ricerca di un volo aereo o di una vacanza: se hai notato dopo essere uscito dal sito della compagnia spuntavano costantemente dei banner che ti proponevano delle offerte di voli. Ecco, quello è l'effetto del remarketing che nel B2B serve moltissimo per aumentare la percezione di autorevolezza di un brand. Ma di questo troverai ulteriori delucidazioni nel capitolo dedicato a Google.

Ricordati quindi che devi comunicare costantemente con il tuo mercato, producendo una mole di contenuti importante. Anche questo argomento merita un approfondimento data la sua rilevanza, e ne parlerò in modo specifico nel capitolo dei contenuti.

N.B. Non esiste nessuna azienda di rilievo che non abbia un **team dedicato** alla prodizione di contenuti (le aziende meno strutturate di solito delegano a un'agenzia esterna).

È questa la strada che ti porterà ad essere riconosciuto come leader. La monetizzazione avverrà successivamente. Come step iniziale devi fornire contenuti di valore, specialmente in forma gratuita, e devi essere facilmente individuato dalla tua audience quando si tratta di risolvere un preciso problema.

Ulteriore punto fondamentale da trattare quando si parla di autorevolezza è quello relativo all'**ufficio stampa/PR**. Le aziende di rilievo sono presenti con articoli sui media specializzati. Non puoi permetterti di latitare perché questo sarebbe percepito dal tuo mercato potenziale come un punto debole. **Pubblicare articoli o interviste** è un passo fondamentale per farti percepire autorevole. Per raggiungere questo obiettivo devi avere delle notizie che siano veicolabili dai media, devi quindi produrre dei comunicati da inviare alle varie testate (on e offline) affinché siano poi scritti degli articoli. Non sto facendo riferimento alla classica pubblicità, che si paga, faccio riferimento a notizie che siano di interesse per i lettori di quella testata.

Come prima cosa devi identificare i media di tuo interesse, poi devi raccogliere i riferimenti delle redazioni (quindi un numero di telefono, una e-mail e anche il nome di un referente), devi poi produrre delle informazioni che siano "notiziabili", scrivendo un comunicato (anche qui sappi che per scriverlo correttamente ci sono delle regole da rispettare) e veicolarlo, facendo dei follow up telefonici per incentivarne la pubblicazione.

Una volta le testate specializzate erano solo cartacee, ora quasi tutte hanno un corrispettivo online.

È veramente importantissimo che ci siano articoli che parlino della tua impresa per ottenere l'autorevolezza del leader.

Cerca su Google.it il nome della tua azienda: trovi qualche articolo? Se non lo trovi, devi attivarti affinché ce ne siano. Questo aspetto è strettamente legato anche all'acquisizione di clienti.

Oggi un potenziale cliente prima di fare un acquisto **si documenta su di te**, quindi fa delle ricerche online e se trova articoli che parlano della tua impresa le sue eventuali barriere difensive si abbasserebbero di molto. **La leadership si crea**

nel tempo, gli elementi che la vanno a creare e consolidare sono molti. Sicuramente quelli che ti ho appena descritto sono alcuni degli step da eseguire, non sono assolutamente gli unici anche se rappresentano i primi passi obbligatori per un'impresa. Ricordati che per diventare un'azienda autorevole serve tempo, dedizione e soprattutto essere pronti a fare tantissima fatica!

Ora ti faccio una domanda per proporti un altro spunto di riflessione in merito all'**autorevolezza e alla leadership** di settore: secondo te, essere leader nel proprio mercato di riferimento è una condizione indispensabile per avere un'azienda con i fatturati (e utili) crescenti ogni anno? La risposta è certamente no. Se guardiamo a molti settori del B2B, spesso un leader vero e proprio non esiste, anche se ci sono imprese che crescono costantemente e che funzionano egregiamente. Nel tuo settore per esempio, esiste un'azienda che sia identificata come leader indiscusso? Probabilmente no.

Adesso invece ti chiedo: operare con l'obiettivo di diventare un'impresa leader è importante? Assolutamente sì. E cosa voglio dire con questo? Che se un'azienda non ambisce a diventare leader di settore, nel medio periodo finirà molto probabilmente per perdere del fatturato rischiando nel lungo di sparire definitivamente.

Oggi una PMI deve **cresce costantemente** e per farlo più facilmente deve essere autorevole nel proprio mercato obiettivo. L'azienda leader è quella che, quando viene nominato un settore di riferimento, viene subito associata a esso, grazie all'autorevolezza acquisita attraverso valori chiari e differenzianti. Faccio qualche esempio: se ti dico "bevanda energetica" chi ti viene in mente? La Red Bull. Se ti dico "auto da corsa"? Risposta ovvia: Ferrari. Ma lo stesso vale anche per gli sportivi. Se ti cito "corsa dei 100 m" a chi pensi? Usain Bolt. Tutti questi sono dei leader nei loro settori e a ognuno di loro la tua mente associa delle caratteristiche ben precise e li considera autorevoli.

Le stesse regole vigono anche nel B2B.

Riassumendo:

1. Cerca di partire con focalizzazione: un'azienda non si può ritenere esperta di un settore se non è fortemente focalizzata su di esso

2. Comunica costantemente

3. Supera le aspettative dei clienti

4. Cerca di avere un posizionamento chiaro e specifico

5. Preoccupati di essere presente sui media di settore

B BUDGET

Per ogni avanzamento in direzione del successo alla tua azienda serve un budget specifico. D'altronde quale attività di marketing è davvero a budget zero? Ti rispondo in base alla mia esperienza: nessuna.

"Diffida da quei clienti che non hanno budget ma solo una grande idea." (David Ogilvy)

Se sei una PMI (ma il discorso non cambia nemmeno per le multinazionali) **non puoi prescindere dalla crescita in termini di fatturato** e per sviluppare costantemente il tuo business e aumentare il tuo fatturato devi dedicare un certo budget al marketing.
Quanto? Almeno il 3% del tuo fatturato (meglio il 5%). Minimo! Fatturi 1 milione di euro l'anno? Bene, il budget fisso ogni anno per il marketing sarà di 30 mila euro. Ne fatturi 5? Almeno 150 mila euro. E così via, l'equazione è facile.

E se sei una start up, il budget deve essere ancora superiore - a tal proposito ti invito a visionare queste slide relative un mio intervento sulle start up e il marketing: https://www.slideshare.net/ippogrifogroup/marketing-start-up-nevio-zucca-89466493).
Ovviamente devi avere il pieno **controllo dei numeri** della tua azienda. Devi conoscerli tu e non il commercialista! Per poter investire anche soli 10 mila euro nel marketing devi avere il pieno controllo dei numeri dell'impresa, altrimenti rischieresti di andare gambe all'aria.

Oggi nessuno può permettersi più di vivere di solo passaparola (magari nemmeno pianificato e quindi organizzato) o del proprio portafoglio clienti: bisogna avere una **strategia** a monte e un **sistema** che permettano all'azienda di generare **costanti opportunità commerciali da tradurre in vendite**.

Serve quindi un sistema di marketing e vendite molto strutturato, che sia estremamente efficiente, organizzato e costantemente alimentato. Alimentato dal budget!
Se pensi di prendere un agente plurimandatario e pagarlo a provvigioni (così non costa) sperando che venda qualcosa anche senza implementare altre attività di supporto, ti stai sbagliando di grosso: stai ragionando come si faceva più di 20 anni fa.

Se invece sei consapevole che **per ottenere dei risultati servono delle azioni mirate e che per svolgerle serve un budget**, nei prossimi capitoli troverai sicuramente degli spunti utili.

Pensi di non avere a disposizione soldi per il marketing? Ora ti dimostro **come trovare il budget** nel tuo attuale bilancio.
Non esiste PMI che non abbia la possibilità di investire il 3% del proprio fatturato in un'attività così strategica come il marketing. **Il budget c'è sempre**. Il problema è che quei soldi forse sono investiti male, in altre attività poco profittevoli o inefficienti.

Parti dal presupposto che il denaro necessario per questo tipo di investimento ce l'hai. Devi però verificare attentamente, conto economico alla mano, **dove stai investendo i soldi**. Devi fare un'analisi molto approfondita, che non si limiti a una lettura del bilancio con il tuo commercialista, devi fare un attento **controllo di gestione** di tutti i processi aziendali. Ti posso assicurare che ogni qualvolta abbiamo fatto questo esercizio con i nostri clienti

BUDGET

abbiamo sempre trovato il budget per svolgere queste attività di marketing e spesso superiore al 3% del fatturato.

Quindi il budget c'è anche nella tua impresa. Il fatto è che quasi certamente **stai indirizzando il flusso monetario nella direzione errata**. Dico errata perché se non stai investendo in quello che è l'ossigeno della tua attività (ovvero il marketing) significa che stai sbagliando. Sicuramente stai facendo degli investimenti, sicuramente in azienda ci sono delle spese per fare determinati acquisti, devi **verificarle attentamente e capire quali non sono così strategiche** e soprattutto non sono una leva per la tua attività.

"Il marketing e l'innovazione producono risultati: tutto il resto sono costi." (Peter Drucker)

Nella seconda parte dell'anno, quando fai il tuo piano di marketing (sei abituato a farlo vero?) devi dedicare almeno il 3% del budget per attività di marketing. Non puoi pianificare un anno di calendario senza aver **destinato dei soldi in questa direzione**. Se necessario chiedi aiuto a qualcuno che sia specializzato nel controllo di gestione: vedrai che nei tuoi processi ci sono talmente tante **inefficienze** che **riuscirai a trovare denaro** addirittura per più esercizi.

Quindi vai in profondità e vedrai che senza mettere un euro in più rispetto a quanto tu non stia già mettendo in azienda, potrai **trovare un piccolo tesoro** da spendere in azioni che ti faranno crescere. Non commettere l'errore di pensare che il marketing sia a tempo determinato. Il marketing deve essere svolto **costantemente, è la benzina per la tua azienda** e perciò non deve mancare mai.

Riassumendo:

1. Almeno il 3% del fatturato va dedicato al marketing

2. Se attui un buon controllo di gestione eviterai le inefficienze

3. Tagliando le inefficienze troverai il budget da dedicare al marketing

C CONTENUTI

Si sente parlare sempre più spesso di **marketing dei contenuti**. Ma che cosa sono questi contenuti e a che cosa servono? I contenuti rappresentano le informazioni che un'impresa gratuitamente offre al proprio target di riferimento in diverse forme (dispense, video, post, *podcast,* ecc.).

"Rendi accessibili alle persone le tue risorse gratuite. Questo faciliterà l'accesso alla tua cultura aziendale e ti permetterà di fidelizzare più facilmente i tuoi clienti." (Jay Abraham)

Che obiettivi si raggiungono con la produzione di contenuti? Moltissimi, ma sono due gli scopi principali che si ottengono: il primo è **diventare un punto di riferimento** nel proprio mercato. Oggi per vendere devi essere identificato come il numero uno e produrre contenuti di pregio, precedentemente abbiamo infatti parlato di quanto importante sia l'autorevolezza di un'impresa.
Il secondo obiettivo è il cosiddetto nurturing del prospect. Un potenziale cliente non sempre viene intercettato nel momento in cui è realmente pronto all'acquisto. Per non perderlo nel tempo, devi quindi "nutrirlo" fino a quando, grazie proprio ai contenuti, lo accompagni a maturazione, ovvero finché non è pronto ad acquistare.

Torniamo però al primo punto perché a fare la differenza al giorno d'oggi è proprio questo: una volta le imprese dovevano dedicare enormi energie nel comunicare, per farsi trovare e gridare al mondo che esistevano. Ora però è tutto cambiato, le informazioni si trovano in modo molto più facile, sono gratuite e fruibili in ogni momento da tutti. Non è quindi più importante comunicare per farsi trovare (la visibilità non è più un problema perché basta acquistarla dalle varie piattaforme come Google o i social), ma è importante **come** si comunica. Oggi **la differenza** la fa **cosa trasmetti** come azienda **e come lo fai**.

È la qualità dei contenuti a entrare in gioco assieme alla quantità. In un mercato iper-competitivo, produrre materiale unico e di valore è diventato un *must*.
Un contenuto di valore è quello che offre al fruitore un vantaggio, un suggerimento, un beneficio, anche uno spunto di riflessione.

Basti pensare alla **Red Bull**. Come ha fatto l'azienda di Dietrich Mateschitz a diventare un impero da 6 miliardi di dollari? Ok, la risposta necessiterebbe di un approfondimento importante, ma **una delle strategie che ha differenziato Red Bull da tutti gli altri** è stata proprio la **sua *content strategy***. Dal 2007, grazie alla Red Bull Media House, l'impero delle bevande energetiche ha infatti iniziato a produrre una mole impressionante di contenuti. Verificalo tu stesso su questo sito: tubularinsights.com. Producono contenuti quotidianamente e li diffondono nella rete soprattutto sfruttando i social network. Questo ha fatto e fa tutt'ora di Red Bull uno dei brand con maggiore visibilità al mondo.

Ora so già a che cosa stai pensando: che la Red Bull è una multinazionale, che ha tanti soldi da investire, che vende una bevanda e altre obiezioni di questo tipo. Quello che sto cercando di trasmetterti è **la necessità di produrre contenuti al fine di diventare un punto di riferimento**, perché è una regola che vale a prescindere dal business, dal target e dalla dimensione della tua azienda. Puoi vendere viti e bulloni e rivolgerti a un mercato di nicchia: non c'è differenza, devi confrontarti con dei competitor e per vincere la sfida non puoi prescindere dal produrre contenuti.

Chiarito questo punto fondamentale, ecco gli step da seguire per implementare una strategia di *content marketing* che si fondi su basi solide.

1.
Innanzitutto devi partire da un contenitore di contenuti, che può essere un blog o qualsiasi profilo social (anche se il consiglio è di non limitarti ad avere pagine aziendali sui social network, meglio qualcosa che non dipenda dai vari Mark Zuckerberg e Sergey Brin). Attenzione che per contenitore non mi riferisco al sito istituzionale: ormai un'azienda potrebbe vivere solo con un blog e i social network, il concetto di sito web istituzionale è sempre meno determinante. All'interno di questo contenitore devi dirottare ogni singolo contenuto che può essere un video, una guida, un report, un semplice post. Insomma, cerca di produrre del materiale che possa rappresentare un consiglio, un'informazione di valore o la risoluzione di qualche problema. Immedesimati nel tuo target e cerca di realizzare qualcosa di realmente utile.

2.
Tutti questi contenuti saranno poi diffusi sui tuoi profili social che dovranno avere una audience sempre in aumento (e per farlo hai una sola strada, pagare il relativo social network affinché dia maggiore visibilità al tuo profilo aziendale).

3.
Tieni ben presente che la produzione dei contenuti deve essere fatta in modo intelligente. Se per esempio svolgi un *webinar*, devi poi sfruttare la registrazione dello stesso per ottenere un file Word con tutto il contenuto testuale dell'evento (puoi farlo con questo sito www.happyscribe.co). In questo modo potrai ottenere, previa revisione del testo, un'ottima guida da veicolare al tuo target. Se invece scrivi dei post per il blog, devi archiviarli per poi raccoglierli in un libro che potrai completare con alcuni inediti. La regola è **sfruttare lo stesso contenuto per più canali diversi**, che spesso hanno anche una audience diversa.

4.
Per iniziare a produrre i tuoi contenuti **devi avere perfettamente chiaro chi è il tuo target di riferimento**, quali sono i suoi problemi e che cosa gli crea frustrazione, che cosa desidera e lo eccita. Devi conoscere perfettamente il suo profilo per costruire contenuti che possano soddisfare le sue esigenze.

5.
I contenuti prodotti devono essere di **qualità**. Sembra una ovvietà ma in realtà non è così. Gira in rete moltissimo materiale di profilo molto basso e questo è veramente deleterio per l'azienda che lo va a realizzare. Il contenuto non deve semplicemente informare, deve dare **un immediato vantaggio** a chi lo fruisce.
Chi legge il tuo contenuto o visualizza il tuo video, deve poi immediatamente poter applicare quello che hai raccontato e beneficiare di alcuni vantaggi.

6.
Per "scrivere" dei contenuti di qualità bisogna conoscere le regole del *copywriting*. Redigere un contenuto di *sales letter* non è come elaborare un post di un blog, un redazionale o un *white paper*. La scrittura è complessa, se non vuoi fare brutte figure ti invito ad affidarti a chi svolge questo mestiere di professione. L'importante è che la strategia a cui sottostanno i contenuti parta da te o sia sempre condivisa.

Questo tipo di contenuti (quelli finalizzati a farti diventare un punto di riferimento) devono essere prodotti **senza mai pensare di voler vendere qualcosa**. L'obiettivo non è la vendita ma l'offerta di qualcosa di valore. Non deve quindi essere un contenuto autoreferenziale, né commerciale. Puoi sempre inserire una *call to action* (l'invito a un'azione di contatto) alla fine, ma devi pensare che quel testo non deve essere concepito per vendere. Il consiglio che ti posso dare è di **scrivere dei contenuti che raccontino delle storie**, delle esperienze che hai vissuto in prima persona (tu o la tua azienda).

Meglio poi scrivere in modo semplice e dare del tu. Il contenuto ovviamente non deve annoiare e bisogna lavorare per tematiche. **Fai capire che sei l'esperto di un settore specifico** o di una nicchia precisa. Quello che comunichi non deve assolutamente parlare di te, devi far percepire che hai una visione chiara del mercato e che puoi essere d'aiuto per l'utente.

Attenzione a una cosa molto importante. **Siamo ormai invasi da contenuti, purtroppo anche di bassa qualità** e finalizzati esclusivamente a vendere qualche cosa (corsi, info prodotti ecc.). Non scivolare nel grossolano errore di far percepire che stai producendo un contenuto finalizzato alla vendita, altrimenti otterrai l'effetto contrario: il tuo *prospect* invece che aprirsi e iniziare a seguirti, si chiuderà come un riccio e ti eviterà come la morte.
Ricorda che i contenuti che produci hanno l'obiettivo primario di **farti riconoscere come punto di riferimento**, non devi produrre una lettera di vendita.

Il consiglio quindi è di produrre sempre materiale che abbia una testa e una coda. Non dare in pasto solo le briciole e non fare come le telenovele a puntate, che tengono lo spettatore in sospeso. Di questi contenuti è pieno il web e sono quasi sempre materiali prodotti da chi vuole ottenere solo ed esclusivamente dei dati (spesso la mail o un numero di telefono) per poi piazzare l'offerta commerciale e la vendita.
Per acquisire autorevolezza l'azienda deve dimostrare di conoscere un argomento nella sua completezza, di

governare un sistema e di conoscerlo alla perfezione.
Devi far capire che sei competente e che lo sei al punto tale da condividere gratuitamente consigli, suggerimenti, informazioni. Vedrai che diventando il punto di riferimento, saranno i follower (sì, devi lavorare per diventare leader, poi gli altri ti seguiranno) a chiederti dei preventivi o delle offerte nel momento in cui ne sentiranno la necessità. Le vendite quindi arriveranno da sole ma sono una conseguenza a medio periodo.

Ora ti propongo questo esercizio: vai a vedere tra i tuoi concorrenti quanti producono costantemente contenuti di valore e gratuitamente. Probabilmente nessuno. Mettiti ora nei panni di un cliente che si imbatte nel tuo mondo pieno zeppo di contenuti di qualità. Chi pensi inizierà a seguire e quindi identificare come riferimento di settore? E chi pensi contatterà nel momento in cui deciderà di avviare un processo di selezione di un fornitore? La risposta penso sia scontata.

Il tuo obiettivo è far diventare un cliente (o potenziale) un tuo fan. Per riuscire in questo intento devi portarlo a sentire la necessità di seguirti per fruire regolarmente dei tuoi contenuti.

Dunque ricorda: *content is the king!*

Riassumendo:

1. Per diventare un punto di riferimento di settore devi trasmettere contenuti di valore

2. I contenuti servono per esempio anche per il nutrimento dei lead

3. L'importante è conoscere le regole del copywriting

4. I contenuti devono dare benefici istantanei all'utente

5. La quantità dei contenuti condivisi deve essere regolare e sufficiente per il target

6. I tuoi clienti devono essere prima di tutto follower e fan

D DATABASE

Disponi di un **database di clienti (potenziali e/o acquisiti) oggetto di costanti invii di comunicazioni tramite posta elettronica?**
Sai che il valore di un'impresa si misura anche dalla quantità (e qualità) delle e-mail presenti nel suo database?

Ogni anno lavoro su decine di nuovi progetti di marketing e quando inizio un'attività per un nuovo cliente, mi stupisco di riscontrare quasi sempre che esistono ancora aziende da 10, o anche 20 anni sul mercato, che non hanno raccolto nessun database per fare delle azioni di e-mail marketing.

Un'azienda che non ha un suo database, o che ne ha uno composto da poche centinaia di contatti, magari pure in buona parte inattivi, non si sa come sia arrivata fino ad oggi senza comunicare al proprio target di riferimento. Ora non è più possibile tirare avanti tanto senza una **costante attività di comunicazione** via e-mail. Equivarrebbe allo sportivo che vuole migliorare le sue performance senza però allenarsi costantemente. E' vero che esistono i social network ma la mail resta un canale fondamentale.

Questa attività di e-mail marketing può fare la differenza e generare delle **opportunità di business che si traducano in fatturato**, ma per impostarla è il **database** di e-mail il vero e proprio *asset* indispensabile.

Se non hai nessun database con indirizzi e-mail, devi porti al più presto una sola domanda: cosa devo fare per ottenerne uno?

1.
Innanzitutto **verifica in amministrazione**. Molte persone non

sanno che l'amministrazione spesso è il reparto che dispone già di un piccolo patrimonio di e-mail di clienti. Alcuni di questi sono storici e magari non stanno più acquistando, ma sui quali si può iniziare subito a svolgere delle azioni di e-mail marketing. Se poi devi cominciare da zero consiglio di partire subito ben organizzati cercando di etichettare ogni anagrafica in base al genere di cliente. Devi sapere qual è un cliente attivo, quale non compra da qualche anno, quale può acquistare e così via. Categorizzare ogni anagrafica ti permette di effettuare messaggi mirati (e quindi più efficaci).

Puoi partire da un semplice file Excel, ma è meglio usare un software CRM che ti permetta di automatizzare il processo e di filtrare facilmente i contatti in base ai diversi target.

2.
Per andare ad incrementare o a creare il tuo database di clienti potenziali (*prospect*) sfrutta **gli strumenti di marketing online** (o marketing digitale) con particolare riferimento ai social network. Questo non è l'unico modo per creare il tuo database, ma se devi iniziare da zero ti consiglio di cominciare da questo canale, identifica il social nel quale si trova maggiormente il tuo target e lavora su quello.

Tra tutti i social, probabilmente Facebook è quello che, con un'attenta targetizzazione, ti darà le maggiori soddisfazioni (con i suoi due miliardi di utenti attivi è il bacino di utenza della maggior parte dei target. Ti spiego tutto nel capitolo dedicato ai social).

3.
Come fare quindi a raccogliere le e-mail dei clienti potenziali sul social di riferimento? Devi partire dal **contenuto**. Offrire qualche cosa di interesse e gratuito al tuo target previo rilascio della sua mail. Che cosa potrebbe essere questo contenuto? Un report, una guida, una check list, degli errori da evitare, qualsiasi cosa purché sia di **valore**. Investi del tempo nel preparare questo materiale, non sottovalutare la sua importanza. Viviamo in una realtà in cui le informazioni sono infinite e per lo più di poco valore.

Perciò per provvedere a realizzare qualcosa di buono pensa a dei contenuti che prendano spunto dalle paure e dai desideri del tuo target. Dovrai:

A. Dare soluzione a un problema
B. Rispondere a una necessità
C. Creare curiosità
D. Dare informazioni o benefici immediatamente fruibili.

Questo non è sicuramente l'unico metodo ma è uno di quelli più efficaci che si basa poi sulla logica dell'opt-in. In pratica chi ti lascia il tuo dato ti autorizza a mandargli anche delle comunicazioni (mi raccomando che devi specificarlo sull'informativa della privacy della tua landing page!).

Attenzione a non commettere l'errore di bruciarti delle opportunità: se fornisci alla tua audience materiale di basso valore anche una sola volta, rischi di precluderti tutte le eventuali opportunità future. In particolare sui social il rischio di contaminazione negativa è enorme: **puoi stare una vita a costruirti una reputazione e in poche ore puoi distruggerla irreparabilmente**, quindi ti consiglio sempre la **massima attenzione ai contenuti che realizzi.**

4.
Una volta creato un materiale interessante e di valore per il tuo target puoi metterlo a disposizione. A questo punto devi quindi

dotarti di una pagina web che permetta all'utente di beneficiarne, previo rilascio di qualche suo dato (io consiglio almeno nome ed e-mail). Ci sono molti software che ti permettono di creare queste pagine (*landing page*), infatti ormai la loro realizzazione è alla portata di chiunque abbia un minimo di dimestichezza con il web (anche se di mestiere non fa lo sviluppatore). Certamente il risultato è diverso da quello ottenibile con un'agenzia di professionisti che ti permetterebbe di avere un prodotto coordinato di alto livello.

5.
Implementata questa pagina web devi attivare una **campagna sponsorizzata** sul social di riferimento che sia visibile solo al tuo target (quindi se usi Facebook, il contenuto lo farai vedere solo a chi è interessato, in modo da focalizzare l'azione su un pubblico mirato). Non vado nel dettaglio di come si implementano le campagne sponsorizzate perché l'argomento è piuttosto complesso. Ti consiglio di delegare questa parte a dei professionisti, anche se è importante che tu abbia chiara l'operatività generale.

Quando si parla di campagne sponsorizzate, Facebook Ads, LinkedIn Ads o Google Ads si entra in un oceano di tecnicismi che è bene lasciare ad altri.

Quanto costa creare questo database? Dipende, come sempre. Per darti qualche parametro, su Facebook che è attualmente un social che costa ancora relativamente poco, per ogni anagrafica, quindi ogni e-mail recuperata puoi spendere 2 / 3 euro (è una media approssimativa in base alle campagne dei nostri clienti). A te i conti.

Tieni presente una cosa: Facebook, come tutte le piattaforme social, ha dei costi che tendono ad aumentare nel tempo. Basti pensare allo spazio che il social stesso mette a disposizione e parlo proprio dello spazio visivo concesso. La disponibilità è sempre la stessa, perciò con la crescita della domanda inevitabilmente crescerà anche il costo dello spazio.

Tornando al tuo database, deve conservare **tutte le anagrafiche**, anche quelle di trattative chiuse, perché l'importante è **categorizzarle** per poter inviare messaggi mirati.

Sappi che se utilizzi dei software CRM o degli strumenti dedicati, la categorizzazione sarà molto più semplice.

Riassumendo:

1. Utilizza "Etichette" per categorizzare le anagrafiche

2. Investi nei social per infoltire il database di e-mail

3. Produci contenuti di valore per il tuo target

E EMAIL MARKETING

Oggi per vincere la concorrenza servono molti ingredienti e in questo libro potrai trovare quelli dei quali non puoi proprio fare a meno.

Uno di questi è la costante attività di comunicazione con il proprio target. È diventata indispensabile **un'azione incessante di contatto con il proprio mercato**.
E sono molti i canali di comunicazione che si possono utilizzare ma uno soltanto è davvero imprescindibile considerando i **costi / benefici**: la posta elettronica.

Grazie a questo mezzo, disponendo di un patrimonio di anagrafiche e di indirizzi e-mail, si può provvedere a inviare costantemente delle comunicazioni specifiche.
Esistono poi dei software di **marketing automation** che aiutano molto nella gestione dei flussi. Per flussi (anche chiamati *autoresponder*) si intendono tutte le diverse comunicazioni da mandare ai target in precisi momenti del proprio *funnel* (argomento del quale ti parlerò a breve). Infatti una volta che hai costruito il tuo database (che dovrà costantemente essere alimentato) devi anche iniziare a coltivarlo, inviandogli informazioni di valore.

I contenuti da inviare al tuo database possono essere veicolati tramite differenti mezzi: fisici (invio cartaceo) o digitali (invio tramite posta elettronica).
In questa sezione del libro ci concentriamo per un attimo sulla comunicazione veicolata tramite e-mail (quindi quella digitale) poiché è **semplice, veloce ed economica**.

Ricordati che la differenza la farà sempre il contenuto: se ritenuto di qualità, renderà l'azione efficace, altrimenti otterrai l'effetto opposto.

Prevedi di inviare delle e-mail con cadenza ALMENO settimanale. Mi raccomando, perché la frequenza non è secondaria! **Frequenza e costanza** sono fondamentali per il successo di un'attività di e-mail marketing. Bisogna perciò togliersi dalla testa il pensiero di rompere le scatole. Se infastidisci il *prospect* significa che non gli sei utile, perciò si disiscriverà dalla tua lista (*mailing list*). Ti ricordo che invierai queste comunicazioni a chi ne avrà dato autorizzazione e il disiscritto sarebbe stato un contatto inutile ai fini della tua campagna.

Per farti capire l'importanza della frequenza d'invio ti faccio questo esempio. Molto probabilmente nella tua vita sarai stato innamorato di qualcuno. Quanto spesso volevi parlare e vedere questa persona? Immagino il più possibile. Lo stesso vale nei confronti della tua impresa. Se gli invii materiale di valore, il tuo target di riferimento non vedrà l'ora di ricevere una tua e-mail perché quel video, post o report è ritenuto importante.

Non dimenticarti infine che tutte le comunicazioni che invierai (o i post che pubblicherai sui social), non saranno mai viste dal 100% della tua audience. Dovrai mettere in preventivo qualche risposta dell'*hater* di turno che cercherà di smontare il tuo lavoro, ma non preoccuparti: è assolutamente normale.

Torniamo ora ai contenuti. La e-mail che invii deve intrattenere e informare. Solo in un secondo momento potrebbe anche vendere, ma è importante cominciare l'attività pensando ad un **contenuto che intrattenga, dando ovviamente informazioni di valore**.

È fondamentale che tu abbia chiarissimo chi è il tuo target e quali sono i suoi interessi, anche personali (di questo ne abbiamo parlato nel capitolo sui contenuti).

Contenuti della newsletter

Ecco un breve elenco di consigli per creare la mail che dovrai inviare al tuo database, ribadendo un concetto importante: lo scrivere è un vero e proprio mestiere. Ti invito quindi a delegare questa parte importantissima a chi sa quali leve utilizzare per ottenere il risultato. Se ti serve qualche spunto ecco però cosa tenere presente:

1. Le e-mail devono raccontare delle storie (utilizzo dello *storytelling* per far arrivare un messaggio).
2. Scrivi in modo semplice.
3. Scrivi pensando ad un "gancio emotivo" che puoi avere sul *prospect*. Quando legge le prime righe, deve capire che stai parlando proprio a lui e poi devi coinvolgerlo emotivamente.
4. Non devi scrivere pensando a quello che vorresti vendergli.
5. Lavora per temi.
6. Se possibile prendi spunto da argomenti di attualità.

Non preoccuparti di riprendere contenuti già scritti. Almeno una volta al mese devi rimarcare certi concetti. **La ridondanza va benissimo** facendo attenzione a non arrivare mai ad annoiare il tuo *prospect*, che deve rimanere sempre incuriosito nel leggere le tue e-mail.

Come già ribadito la frequenza di invio è molto importante e inizialmente potresti avere difficoltà a trovare gli argomenti. Ecco allora qualche consiglio su **tematiche che potresti trattare nelle tue comunicazioni**. Ricorda che devono essere sempre contenuti di valore utili al tuo target. Inizia la tua mail raccontando una storia - non deve essere un contenuto autocelebrativo - arrivando verso la fine del tuo messaggio a collegare il racconto al tuo prodotto o servizio (precisamente al vantaggio per il tuo cliente). Questa è una tecnica di scrittura chiamata "*transazione*", quindi parti dal tema per arrivare al tuo obiettivo. Devi accompagnare il cliente al tuo scopo tramite una lettura piacevole.

Ecco qualche esempio di argomento che potresti trattare anche tu:

Consigli per il tuo cliente (meglio se controintuitivi);

1. Materiale in regalo (*whitepaper*, report, ecc.);
2. Info su come evitargli qualche problema (consigli);
3. Obiezioni sul tuo prodotto o servizio;
4. A chi si rivolge il tuo prodotto e a chi non si rivolge;
5. Prodotti da incubo (ottima modalità di squalificare la concorrenza senza fare nomi);
6. Testimonianze (su di te, sul tuo prodotto);
7. Case history (casi di successo).

Ricordati di **scrivere sempre da persona a persona**, mai come fossi un'azienda nei confronti di un'altra azienda.

Quindi non devi mai scrivere con l'approccio: "siamo l'azienda Pinco Pallino...", devi sempre personalizzare scrivendo in prima persona ricordandoti di "dare del tu", anche sui social! Il lei lascialo a contesti più formali, né le mail né i social lo sono.

Formattazione della newsletter

Di seguito ti riporto qualche regola per impostare e-mail che funzionino:

1.

Preferisci sempre una mail solo **testuale** (è molto più leggibile e personale di quelle fatte con un sacco di elementi grafici, che sempre più frequentemente vengono identificate come messaggi pubblicitari indesiderati - spam).

2.

Formatta il testo evidenziando le parole chiave con il **bold** (grassetto) e distanziando i contenuti attraverso le **interlinee** (evita i muri di testo che spaventano il lettore online e non incentivano la lettura).

3.

Fai sì che ci siano sempre dei **link** alla tua *landing page* o al sito web in modo tale che, chi vuole, possa approfondire. Il link è meglio che sia esteso (quindi con tutto il www...) oppure se la mail è ipertestuale inserisci la frase CLICCA QUI, perché alcuni *client* di posta potrebbero non far capire che si tratta di un link.

4.

Nella mail inserisci anche **link passivi**, quindi solo la frase sottolineata (con link). A volte i link passivi nel medio periodo vengono cliccati di più. Quindi meglio mettere sempre le due opzioni (link esteso e link passivo). Poi come hai già capito, testa e verifica leggendo le statistiche cosa risulta più efficace nel tuo specifico caso.

5.

Infine inserisci delle ***call to action*** (CTA), specialmente nella parte finale dei contenuti. In questo modo incentivi all'azione e lasci un'impronta di concretezza nella memoria dell'utente.

Io prediligo un **testo sintetico** (ma è una questione personale), una decina di righe circa, tranne nel caso in cui tu debba raccontare una storia veramente significativa (come per esempio la nascita della tua azienda) o descrivere un case history. Poi consenti all'utente di approfondire tutti i dettagli su una pagina web dedicata (che può anche essere un blog o un tuo profilo social).

È consigliabile che il corpo della tua mail parta con una *headline* iniziale e poi prosegua con il testo vero e proprio (Ciao, …).

Se il messaggio che invii non vuole informare di un nuovo post del tuo blog, parti sempre raccontando una **storia (*story telling*)**, anche inventata! Sì hai capito bene, ti sto consigliando di inventarti una storia, che dovrà ovviamente essere credibile. Se poi sei uno che vive l'azienda in prima linea, vedrai che di storie vere da raccontare ne avrai talmente tante che non dovrai inventarti nulla.

Questi sono solo alcuni esempi. Quando sei in difficoltà sul contenuto, pensa ad una tua giornata lavorativa, sicuramente in 8 ore di lavoro (ok, diciamo anche 10...) ci saranno spunti che puoi trasformare in un contenuto di valore e quindi in una e-mail.

"Il marketing non è più una questione di cosa sai produrre, ma di che storie sai raccontare" (Seth Godin)

Firma sempre con il tuo nome e cognome, aggiungi il sito web e termina rafforzando il tuo brand (l'esperto di... il creatore di... lo specialista in...), che dovrebbe essere il tuo *pay off* (breve frase che associata al tuo marchio identifichi in modo unico, chiaro e differenziante, la tua azienda).

Inserisci frequentemente anche un **P.S.** dove rimarchi un preciso concetto. Evita P.S. troppo lunghi e inserisci sempre un link (richiama e rafforza la *call to action* della mail) che potrebbe portare a una *landing page* con un form di contatto o al download di un documento.

Piccolo dettaglio ma non secondario. La **mail di mittenza deve sempre essere composta dal tuo nome e cognome**. Allo stesso modo non dimenticarti mai di firmare l'e-mail personalmente. Tutto deve essere gestito come se inviassi un messaggio a un tuo amico. Il rapporto è sempre tra persone, mai tra aziende.

Come scrivere l'oggetto di una newsletter

Ricorda che l'**oggetto** della mail è importantissimo (è l'aspetto che ha più impatto sull'utente). È la prima cosa che viene letta e perciò deve incentivare la lettura, quindi **mai scrivere banalità**.

Ecco alcuni spunti per gli oggetti delle tue mail:

1. Oggetto in positivo (stimolo in positivo).
2. Oggetto in negativo (fare leva sulla paura).
3. La domanda (esprimi quindi un dubbio. L'oggetto ovviamente deve finire con il punto interrogativo).
4. L'equazione. Esprimi qualche cosa di logico (se vuoi x devi fare y).
5. La ricetta. Sfrutta l'autorità e la credibilità (come/cosa ho fatto per ottenere un risultato).
6. L'urgenza. Metti una scadenza temporale (meglio se giustificata altrimenti funziona poco visto l'utilizzo ormai eccessivamente diffuso).

Riassumendo:

1. Utilizza le newsletter per creare autorevolezza
2. Scrivi le e-mail come scrivessi a un tuo amico
3. Quando puoi, usa lo strumento dello *storytelling*
4. Le regole per scrivere una mail efficace

F FUNNEL

Funnel in italiano significa imbuto.

Nel marketing con *funnel* si intende quell'insieme di attività, spesso automatizzate, che permettono, tramite i contenuti, di "convincere" il cliente potenziale a effettuare l'azione di acquisto o l'azione per la quale un *funnel* è stato concepito (iscrizione ad un webinar, richiesta di un appuntamento ecc.).

Il *funnel* serve quindi a traghettare un contatto dallo stato di *prospect* (cliente potenziale) a quello di cliente acquisito.

Questi step sono studiati ad hoc e non sono casuali. Il marketer fa compiere un **preciso percorso** all'utente per farlo crescere in una specie di scala. Inizialmente infatti il potenziale cliente può essere in una fase definita di inconsapevolezza. Entra in contatto con l'azienda e piano piano diventa sempre più consapevole (del problema, della soluzione o della nostra esistenza) fino a quando compie una determinata azione che lo tramuta in un cliente acquisito (nel caso del B2B potrebbe non esserci un acquisto ma una specifica richiesta di contatto).

Perché è importante avere un *funnel* nella propria strategia di marketing? Per **aumentare esponenzialmente il tasso di conversione** (conversione = obiettivo per il quale è stata realizzata per esempio una pagina web).

Il *funnel* non deve per forza essere realizzato solo per le attività svolte on line, un *funnel* deve esserci anche per il processo commerciale. Ogni azienda deve dotarsi di più *funnel* ognuno con il suo obiettivo.

Consideriamo per un momento un ipotetico *funnel* realizzato per generare dei lead in una strategia di web marketing (sfruttando per esempio Google.it). Quando si porta traffico sul proprio sito o sulla propria landing page, mediamente nel B2B superare tassi di conversione del 2% non è facile. Questo significa che l'investimento fatto per portare traffico di potenziali clienti viene perso per circa il 98%. Che cosa si deve fare per sfruttare al massimo la quantità di potenziali clienti che arrivano sul sito web o sulla landing page? Devi strutturare un funnel che è un vero e proprio percorso che farà ogni utente atterrato sulla tua pagina web. Durante questo cammino gli verranno inviati precisi contenuti che hanno lo scopo di portarlo, nel tempo, a raggiungere l'obiettivo per il quale quel funnel è stato concepito. Uno degli errori che spesso si commettono nel web marketing è pensare che per aumentare le opportunità commerciali di una campagna si debba aumentare il traffico alla pagina. Infatti lo stesso risultato si può ottenere raddoppiando il tasso di conversione, che permette di moltiplicare per due le opportunità, pur mantenendo inalterato l'investimento sulla campagna sponsorizzata.

Per raddoppiare il tuo tasso di conversione hai un'unica soluzione: devi dotarti di **un efficace *funnel* di marketing**! Ovvero di quel **processo che serve a *convertire* il maggior numero di utenti** per trasformarli **da clienti potenziali a clienti acquisiti**.

I *funnel* nel marketing sono molti e possono essere personalizzati in base alle proprie esigenze. Non esiste quindi un unico sistema.

Questa che vedi **è la classica piramide rovesciata che tutti associano al concetto di** *funnel*/imbuto:

TRAFFICO
LEAD
PROSPECT
CLIENTI

La realtà è però leggermente più strutturata. Questo infatti è un esempio di *funnel* di marketing implementato per un nostro cliente:

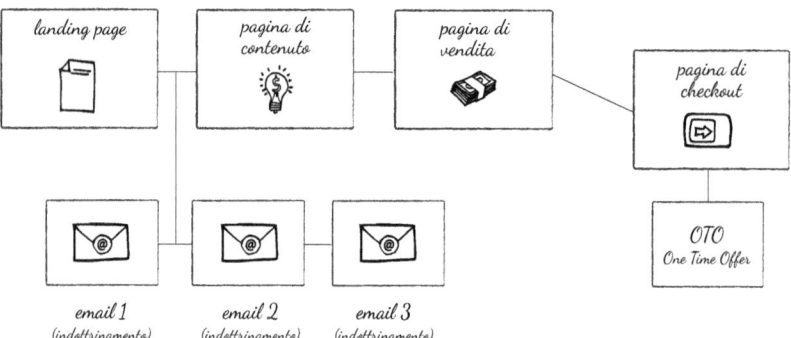

I percorsi fatti dal cliente potenziale sono **diversi in base agli obiettivi da raggiungere**. Puoi dotarti di un *funnel* per portare l'utente ad acquistare, a chiedere un appuntamento, a iscriversi a una newsletter, a scaricare un report e così via. *Funnel* diversi per differenti obiettivi.

Ecco cosa serve fare per implementare un *funnel*.

1. Un funnel funziona se prima l'azienda è posizionata correttamente nel proprio mercato.
2. Come prima cosa devi avere chiara una **strategia**, quindi sapere il motivo per il quale metti in piedi il tuo imbuto.
3. Definita la strategia e quindi gli **obiettivi**, devi prevedere delle campagne che portino del **traffico** all'interno del *funnel* (Facebook è uno degli strumenti che ti consiglio di sfruttare per questo scopo perché ha ancora dei costi limitati).
4. Successivamente devi produrre dei **contenuti** di valore da poter veicolare al potenziale cliente in precisi

momenti del tuo *funnel*. I contenuti possono essere dei documenti - come report – o dei video, ma anche delle semplici e-mail testuali.
5. Infine, per automatizzare tutto il processo, devi dotarti di un **software** che lavori per te 24 ore su 24 (ce ne sono molti a disposizione con guide e imbuti preconfezionati da personalizzare).

Gli step di un *funnel* possono essere diversi in base al motivo per il quale è stato architettato l'imbuto di marketing. La differenza principale deriva dalla *tipologia di traffico* che porti nel tuo *funnel*, quindi se il traffico è di persone che non ti conoscono (potenziali clienti) oppure di utenti che sono già entrati in relazione con te (non per forza dei clienti).
Quello che ora andremo ad analizzare è un esempio di *funnel* tipico del B2B concepito per fare in modo che un potenziale cliente (che non ti conosce) arrivi a richiedere maggiori informazioni tramite la compilazione di un *form* di contatto, o tramite quella che noi addetti ai lavori definiamo "l'alzata di cornetta" (la telefonata).
Una volta che l'utente entra nella tua pagina web, gli offri la possibilità di **fruire di un documento di valore**, quindi un *white paper* o un video (importante che il contenuto sia inedito ed esclusivo).
Per fruire di questo documento l'utente deve lasciarti i suoi dati (almeno una **e-mail**) **che andranno a popolare il database** sul quale sei autorizzato a fare azioni di e-mail marketing.
Alla fine del documento di valore bisogna sempre inserire una **call to action** (l'invito al contatto telefonico per esempio). Nel *funnel* bisogna prevedere delle **azioni automatiche di *follow up*** che per esempio inviino una breve sequenza di e-mail al verificarsi di certe condizioni (per esempio se la persona entro un certo lasso di tempo non ci contatta, quando legge un documento ecc.).
Queste e-mail devono comprendere degli **altri documenti di valore**, che possono essere video con delle testimonianze,

consigli, ecc. L'obiettivo di queste azioni è fare in modo che l'utente compia l'azione di contatto. Questa attività di *nurturing* è anche chiamata "indottrinamento".

Questo è solo un semplice esempio di quello che può essere un *funnel* di marketing. Da tenere presente che è un **sistema che lavora automaticamente** e che in alcuni step può anche prevedere **l'intervento di una persona**. In base al settore di business infatti, in precisi step del *funnel* può succedere che una persona debba intervenire, per esempio, alzando la cornetta per fissare un appuntamento o inviando del materiale per posta.

Questo per esempio è uno schema di un *funnel* che prevede sia una parte digitale (online) che una parte offline con l'intervento di una persona.

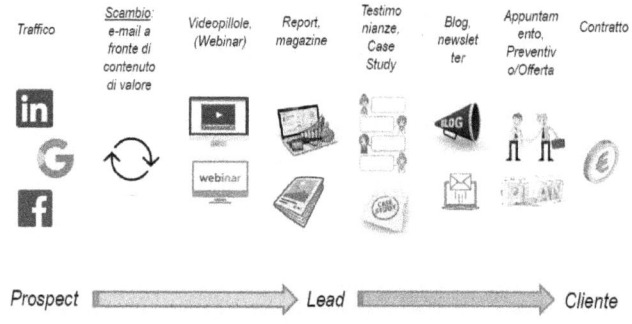

Per costruire dei *funnel* di marketing efficaci c'è sicuramente bisogno di qualcuno che sia specializzato in questa attività, come sempre però è importante che tu sappia quelle che sono le regole del gioco per poter essere il regista che coordina l'azione.

Riassumendo: ↩

1. Definisci la strategia del funnel

2. Produci contenuti per il tuo funnel

3. Implementa delle campagne sponsorizzate che portino traffico nel funnel

4. Automatizza le attività di follow up con l'aiuto di software specifici

G GOOGLE

Fino a una decina di anni fa avere un qualsiasi business e non essere presente tra i primi risultati di questo motore di ricerca equivaleva a non esistere.

SEO, Google AdWords, risultati organici, pay per click, tutto ruotava attorno a Google.

Quanto è importante oggi per il business di un'impresa la presenza su Google?

Qualcosa è cambiato anche se **Google resta di assoluta rilevanza**.

Se non vuoi perdere opportunità di business ma allo stesso tempo vuoi anche avere autorevolezza nel tuo mercato, devi essere visibile in questo motore di ricerca e comparire con il maggior numero di parole chiave possibile – ovviamente inerenti al tuo business.

Ma oggi non si tratta più di un'egemonia. Ci sono altri due attori a giocare la partita: Facebook e Youtube devono essere presi in considerazione alla stregua di Google.

Youtube è il secondo motore di ricerca al mondo, quindi quando una persona ha bisogno di cercare informazioni si rivolge in prima battuta a Google, ma subito dopo passa a fare la stessa ricerca su Youtube. Anno dopo anno la piattaforma di video più conosciuta aumenta la sua percentuale di utenti quotidiani. Da notare che Youtube è stato acquisito nel 2006 proprio da Google e sempre più spesso quando si effettua una ricerca su Google, compaiono tra i primi risultati proprio dei video di YouTube.

L'altro attore da considerare è **Facebook**. Non è un motore di ricerca (almeno per il momento) ma è da tenere in considerazione se si ritiene importante comunicare con il proprio mercato. Oggi le persone passano intere giornate sui social, ecco quindi che una presenza sul numero uno al mondo non può mancare.

Questi sono i 3 player che attualmente dominano il mondo online.

Ma nonostante siamo nel 2018, continuo a riscontrare come ancora molte aziende italiane non abbiano colto le **potenzialità di queste piattaforme o addirittura più in generale del web**.

Vediamo alcuni dati di questo mondo (fonte www.kpcb.com).
Ogni persona (adulta) dedica mediamente **6 ore al giorno nella rete**. Trend in costante crescita ogni anno.
In questo enorme mercato virtuale (che poi tanto virtuale non è visto che tutti possono guadagnarci un sacco di soldi, soldi veri) vengono investiti ogni anno **200 miliardi** (miliardi, non milioni) **di dollari in advertising** per avere visibilità. Anche questo dato è in costante crescita. Inoltre i dollari investiti in rete hanno superato quelli dedicati alla pubblicità televisiva. All'interno di questo contesto, la fetta maggiore degli investimenti è riservata a **Google**, seguito da Facebook, che sta però crescendo annualmente tre volte tanto rispetto al colosso di Mountain View.

Da una ricerca di Domo emerge che più di metà del traffico web avviene da *mobile* e si stima che **nel 2018 tre quarti del traffico avverrà solo da *device* portatili**. Ecco perché diventa indispensabile ragionare pensando che i propri contenuti verranno consultati sempre più attraverso gli *smartphone,* perché è da lì che gli utenti si collegano sempre maggiormente a internet. Anche per consultare le offerte nel B2B.
Il tuo sito web è pronto a tutto questo? È stato concepito per gestire questo tipo di traffico e non solo quello proveniente da *desktop* (quindi dal classico computer)?
I dati elaborati da Domo mostrano l'immenso volume di informazioni pubblicate online. Ogni singolo minuto nella rete: 4.146.000 video vengono visualizzati su YouTube, 154.200 chiamate sono effettuate tramite Skype, 3.607.080 ricerche sono svolte su Google e 258.751,90 dollari sono spesi nelle transazioni su Amazon. E questi sono solo alcuni dati, che però sono sufficienti a far capire la potenza di internet.

Sono dei numeri impressionanti. L'azienda che non ha ancora colto questa opportunità deve sapere che ha lasciato ai propri

competitor (nazionali e non) una fetta di fatturato gigantesca.
E non sto assolutamente facendo riferimento alla vendita online (e-commerce). Il web è uno strumento imprescindibile anche per l'impresa del B2B che non ha nulla da vendere online.
Oggi nessuna azienda può permettersi di ignorare la potenza del web e le opportunità offerte. Grazie alla rete è possibile ottenere visibilità e quindi opportunità commerciali in modo semplice e veloce (se si conoscono le regole del gioco, ovviamente).

Chiariamo subito un aspetto. Se pensi che per sfruttare la rete basti avere un sito internet, stai commettendo un grosso errore. Anche perché **il concetto classico di *website* conosciuto fino a dieci anni fa sta diventando ormai obsoleto**. Bisogna sicuramente disporre di un proprio spazio in rete, non per forza però deve essere un sito web, potresti tranquillamente avere anche soltanto un blog.
Internet può essere sfruttato dalle imprese per scopi differenti. Quello che voglio trattare in questo capitolo è l'**obiettivo del *new business*: sfruttare quindi la presenza in Google per acquisire nuovi clienti**.

Ora ti pongo una domanda importante: **quanto hai fatturato lo scorso anno grazie a Google**? Sì hai capito bene, quanti clienti hai portato a casa grazie alla rete? La domanda è importante perché se il numero di clienti acquisiti è prossimo allo zero significa che hai lasciato fatturare i tuoi concorrenti. Peccato, non credi?

Oggi un'azienda del B2B che decida di sfruttare Google per acquisire clienti deve mettere in piedi una serie di attività. **Come prima cosa deve essere presente** (scontato fino ad un certo punto, ti assicuro che oggi lavoro con imprese che non esistono nemmeno per sbaglio nel mondo online), quindi dotarsi di un sito web (anche se come abbiamo visto prima non è più così fondamentale come una volta).
Successivamente deve posizionare il sito (o il blog) tra i primi

risultati proposti da Google. Oggi prima di fare un acquisto una fetta sempre maggiore di consumatori si documenta tramite questo motore di ricerca. Ecco perché è importante presidiare la rete e quindi essere indicizzati da Mr. Google, sia tra i risultati organici che tra quelli a pagamento grazie alla piattaforma Ads. Per raggiungere questo risultato devi affidarti a chi conosce i segreti del mestiere, non pensare di poter fare questo lavoro in autonomia perché è una materia molto complessa che cambia costantemente.

Google permette anche di fare **remarketing**. È una strategia che consente al tuo brand di raggiungere gli utenti che hanno visitato il tuo sito o la tua *landing page*, inseguendoli nel tempo. Questo significa che il potenziale cliente che ha visto un tuo post, un tuo video su LinkedIn o qualsiasi altra tua comunicazione, mentre naviga in altri portali troverà un banner con il tuo logo e il tuo slogan. E può succedere per settimane, anche per mesi. Questo meccanismo crea nella mente del *prospect* un ragionamento tale da farti percepire come leader. Si tratta soltanto di una delle attività da poter mettere in piedi per lavorare sulla diffusione del tuo brand. Il budget da investire per questo è veramente irrisorio.

Oltre a Google Ads e il remarketing, prevedi nella tua strategia digital di **produrre dei video costantemente**, in questo libro ne parlo in un capitolo dedicato. Almeno un video alla settimana (ideale uno al giorno) da pubblicare su YouTube e da sponsorizzare. Sì, devi dedicare del budget per **garantire ai tuoi video il massimo della visibilità**. Anche qui affidati a qualche professionista che ti aiuti a pubblicarli correttamente: ci sono alcune regole da seguire (parole chiave, descrizioni, nome del file da caricare ecc.) per fare in modo che YouTube faccia comparire i tuoi video per primi.

E infine, come ti dicevo, presidia Facebook, lavora per creare una community sempre più numerosa, gli utenti amano seguire i social e seguiranno anche te se produrrai contenuti d'interesse.

Google, YouTube e Facebook sono **3 pilastri** per tutte quelle imprese che vogliono sfruttare appieno il mondo del marketing digitale.

"Il 67% del processo di acquisto delle persone è digitale. Com'è la tua presenza digitale? Sei sempre in modalità di vendita?"
(Dave Dee)

Riassumendo:

1. Considera anche YouTube e Facebook, producendo video e contenuti sempre nuovi

2. Prevedi uno spazio web adeguato per la tua azienda

3. Sii presente su Google (altrimenti favorisci la concorrenza)

4. Utilizza la piattaforma Ads e il remarketing

H HUMAN RESOURCES

Human Resources, abbreviato in HR, in italiano significa risorse umane (ma chiamiamole semplicemente **persone**).

Ma cosa c'entrano le "risorse umane" con il marketing?

Innanzitutto il tema mi appassiona, quindi ci tenevo molto a trattare, seppur marginalmente, questo argomento. Ma poi bisogna sempre considerare che **il marketing è fatto dalle persone**. Anche se ormai il termine *marketing automation* va sempre più di moda, non possiamo ancora prescindere dagli uomini. La persona giusta o quella sbagliata continua a fare la differenza, quindi il tuo marketing, per funzionare, deve essere gestito dalle risorse migliori.

La persona inadatta nel posto errato rappresenta per l'azienda un **danno economico** enorme.

Se poi pensiamo che le opportunità del marketing devono essere concretizzate in vendite dalle persone (tipico dei mercati B2B), è abbastanza ovvio capire quanto importante sia avere **gente tosta** in tutti i ruoli aziendali.

Lavorare con le persone è difficile: per definizione le persone non sono delle macchine, non giri una chiave per farle partire. Le persone hanno **sensibilità** che i macchinari, per fortuna, non hanno, ma che bisogna saper gestire.

Ogni anno svolgo un centinaio di colloqui di selezione per le aziende nelle quali lavoro e nel corso degli anni ho tratto una serie di conclusioni sul personale.

Esistono due tipologie di persone che ho categorizzato in "allineate" e "disallineate". Cosa intendo con questi due termini?

Le persone allineate sono quelle che hanno un potenziale da

coltivare, sono quelle che in proiezione potranno essere dei veri "bracci destri". Hai presente quelle che raggiungono gli obiettivi, che fanno sempre qualcosa in più, propositive, instancabili, *problem solver*? Bene, mi riferisco proprio a loro.

Le persone disallineate sono invece quelle che, ahimè, nonostante tutti gli sforzi possibili, non arriveranno mai all'obiettivo, perché sono quei collaboratori che prima o poi sarai costretto ad abbandonare, anche perché frequentemente influiscono negativamente su tutto l'ambiente circostante. Non c'è via di scampo, negli ultimi anni ho assunto personalmente (con il supporto di consulenti esterni) diverse decine di risorse umane e ho potuto riscontrare che la persona disallineata lo sarà per sempre. Su questo punto ci sono tesi discordanti, qualcuno sostiene che la formazione possa portare chiunque a raggiungere certi obiettivi, io personalmente non ho mai avuto la fortuna di trovare qualcuno che, dopo un test dal risultato negativo, poi abbia raggiunto la meta prestabilita.

Attenzione a un aspetto importantissimo: la persona allineata, inizialmente non è quasi mai a regime; ha però le giuste caratteristiche che, se coltivate nel modo opportuno, porteranno quella risorsa a raggiungere i target previsti.

La domanda che a questo punto penso ti stia ponendo è la seguente: **come faccio a capire chi è allineato e che invece è disallineato**? Negli anni ho testato diversi metodi. Inizialmente non nego di aver improvvisato, andavo "a pelle" quando dovevo assumere una persona, poi mi sono reso conto che il sistema dell'improvvisazione non funzionava e mi sono affidato a dei professionisti. Siccome le HR mi hanno sempre appassionato, ho iniziato a formarmi in merito e quindi ad ampliare le mie conoscenze sul tema della selezione e della formazione delle risorse umane. Nel tempo quindi ho identificato il metodo più efficace per individuare i collaboratori migliori (i veri talenti), quelli che nel tempo possono fare la differenza in qualsiasi azienda. Questa è la mia esperienza, non è detto che vada bene anche per te ma sicuramente è una metodologia testata che ha dato riscontri concreti.

Innanzitutto per attrarre dei talenti devi disporre di un "sistema azienda" che sia d'*appeal*. Hai presente Google? È un'azienda che non ha bisogno di fare grandi sforzi per trovare i candidati migliori visto che a ogni pubblicazione di una posizione aperta in azienda provoca una fila interminabile di persone interessate.

Ok, Google è Google. Ma voglio trasferirti questo concetto: la tua azienda, anche se non è Google, **deve avere chiari obiettivi, deve essere ambiziosa, deve valorizzare le risorse, deve far capire alle persone quali sono le opportunità di crescita, deve disporre di un ambiente di lavoro ideale e così via**. Anche perché un'azienda, oltre ad attrarre i talenti, deve poi trattenerli, deve quindi evitare di farseli scappare una volta individuati.

Sai che cosa guarda un candidato come prima cosa per scegliere un posto di lavoro? Non si tratta dell'aspetto economico, lo stipendio non è nelle prime 5 posizioni ritenute di interesse. **Una persona ha bisogno che il suo lavoro sia apprezzato, gradisce un coinvolgimento diretto nella gestione dei problemi ed è molto sensibile all'attenzione che l'azienda pone ai sui problemi personali**. Si, anche l'interesse alla sfera personale è ritenuto importante.

Nel concreto, come fare quindi per individuare e inserire in azienda le risorse migliori?

Ecco i **4 pilastri della selezione**:

1. Analisi del CV
2. Questionario/test
3. Colloquio di selezione
4. Inserimento/Formazione

Vediamoli tutti.

L'analisi del CV è la base di partenza anche se è un pezzo di carta nel quale il candidato può scrivere (quasi) qualsiasi cosa. È importante osservare le esperienze precedenti, la durata del periodo di lavoro nelle varie aziende, senza sottovalutare aspetti apparentemente secondari come gli hobby. Infatti gli interessi extra-lavorativi possono consentirti di fotografare al meglio la personalità del tuo candidato.

Cerca il suo profilo nei social network e fai una ricerca anche in Google, potrai scoprire dettagli utili per poi svolgere il colloquio.

Io solitamente divido in 3 gruppi i CV dei candidati:

1. **Gruppo A: candidati ideali**
2. **Gruppo B: candidati ripescabili**
3. **Gruppo C: candidati da scartare**

Parto ovviamente a fare il processo di selezione dal gruppo A, una volta completato e nel caso in cui non abbia trovato la persona ideale, procedo con quelli del gruppo B. Quelli inseriti nel gruppo C li valuto solo ed esclusivamente se devo immediatamente coprire una posizione vacante. Quindi procedo a un eventuale inserimento (a termine) della risorsa del gruppo C senza interrompere il processo di selezione.

Per **individuare nel modo più scientifico possibile le caratteristiche della persona** (non faccio riferimento alle competenze tecniche che si possono verificare tramite prove specifiche, mi riferisco all'abilità di organizzarsi il lavoro, alla motivazione, alla coerenza, al senso di responsabilità, alla stabilità, al senso organizzativo, le cosiddette *soft skills*) ti consiglio di fare al **candidato un vero e proprio *check up della sua personalità*. Lo puoi effettuare tramite dei test** (anche se io preferisco definirli "questionari" visto che non esistono risposte giuste o sbagliate). Di solito questi test sono composti da un centinaio di domande a risposta multipla e vengono forniti da aziende specializzate che, a test eseguito, in qualche giorno elaborano l'identikit psicologico del candidato.

Con in mano questi due elementi, il test e il CV, puoi procedere ad un colloquio di selezione. **Farlo prima sarebbe inutile.**

L'ideale è fare nello stesso giorno più colloqui possibile, in modo da avere subito un immediato parametro di confronto tra un candidato e l'altro. Io mi preparo un file Excel con la lista dei candidati e relative domande, in questo modo posso appuntarmi le risposte e fare un confronto oggettivo. Cerco di fare sempre le stesse domande a tutti per poter fare un confronto più scientifico possibile dei candidati. Poi ovviamente in base all'esito del test, bisogna verificare alcune aree grigie, i "punti di debolezza" del candidato e quindi personalizzare il colloquio con questi dati.

Una cosa molto importante del colloquio è quella di far parlare il candidato senza esporsi. Quindi non dire subito chi sei e cosa cerchi perché questo potrebbe condizionare le sue risposte. Quindi parti analizzando nel dettaglio il suo CV e facendolo parlare, vai in profondità, non accettare sempre la sua prima risposta se vedi che qualcosa non quadra. **Approfondisci, approfondisci e approfondisci**. Chiedi degli esempi, in questo modo vedrai subito se le sue risposte sono di circostanza o derivano da storie vissute.

Durante il colloquio non dimenticarti di verificare le cose che sto per elencarti, perché ti aiuteranno a farti un'idea sulla persona che hai di fronte.

1. Se ha cambiato molti lavori verifica sempre la

motivazione (non è detto che sia un aspetto da valutare negativamente)

2. Chiedi che cosa lo ha spinto a rispondere all'annuncio
3. Verifica che cosa conosce della tua azienda
4. Se già occupato, chiedi quale motivo lo spinge a cambiare lavoro
5. Chiedi qualche referenza, la possibilità di parlare con qualche superiore dei suoi lavori precedenti.

Finito il colloquio e dopo aver riportato tutte le risposte in un Excel, dai una valutazione finale del candidato che io solitamente classifico in questo modo:

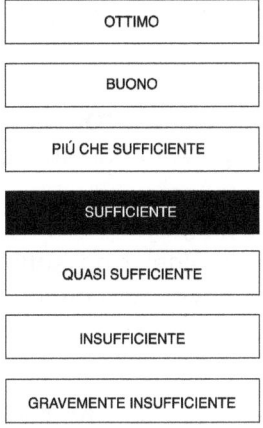

Una volta individuati i candidati migliori, scegli chi di loro **far partire con un periodo di prova che è fondamentale**. La durata dipende dal ruolo, io consiglio almeno 6 mesi. Se il periodo di prova è troppo breve, la risorsa potrebbe dare riscontri positivi solo perché si sente "sotto esame", ma poi potrebbe lasciarsi andare nel lungo periodo. Difficilmente una risorsa può falsare il suo comportamento per un periodo protratto nel tempo, ecco perché consiglio sempre almeno 6 mesi in prova.

La fase di inserimento è molto delicata perché se non è fatta correttamente si rischia di bruciare la risorsa e di perderla. Devi quindi essere molto ben organizzato, in base al ruolo puoi anche prevedere un periodo di affiancamento.

Devi avere procedure scritte affinché la risorsa possa entrare a regime in autonomia. **Definisci subito gli obiettivi**, deve essere chiaro quello che ti aspetti e in quanto tempo. Patti chiari fin da subito.

Una volta inserita la risorsa devi prevedere un **piano di formazione costante**, che può essere individuale se la risorsa deve migliorare qualche suo aspetto specifico, ma anche collettivo, quindi sessioni formative di gruppo (anche il *team building* è importante).

Fai sempre riferimento a procedure e obiettivi chiari e numerici. A raggiungimento di un obiettivo dai sempre un premio.
Poni obiettivi raggiungibili ma non troppo semplici, sia a breve che a lungo termine. Non sottovalutare quelli a breve termine perché sono quelli che generalmente mettono la giusta pressione alle risorse umane.

La comunicazione con le tue risorse è fondamentale. Utilizza la tecnica del "panino comunicativo" (tecnica del *sandwich*), da quando l'ho scoperta non posso farne a meno anche perché i risultati che ho ottenuto hanno migliorato il mio lavoro quotidiano. Questa tecnica serve per far passare il tuo messaggio senza urtare l'interlocutore. Funziona molto bene in forma verbale e scritta, anche quando devi rimproverare un collaboratore (capita di doverlo fare).
Questa tipologia di comunicazione è composta da 3 parti, immagina proprio un panino, dove il primo strato è il pane,

quello centrale il prosciutto e l'ultimo ancora pane.

Devi iniziare la tua frase (pane) affermando di capire il punto di vista del tuo interlocutore. Poi procedi con il dire quello che pensi (prosciutto) e infine concludi, prima che la persona risponda, ribadendo che capisci il suo punto di vista (ancora pane).

In questo modo il tuo interlocutore non è sicuramente obbligato a essere d'accordo con te, ma comprende quanto gli dici e accetta il tuo punto di vista. La persona quindi, grazie alle due fette di pane, recepirà quello che è il cuore del tuo messaggio (prosciutto).

Ti faccio un esempio pratico.

Ipotizziamo che una tua risorsa non stia svolgendo ancora perfettamente una determinata mansione. Ecco come potresti dirglielo: "ho visto che hai migliorato molto rispetto alla scorsa settimana... adesso quando fai questa cosa, potresti farla così, in modo da perfezionare... comunque ho apprezzato molto quanto stai facendo, perché sei migliorato moltissimo."

Quando il panino è fatto bene, il risultato è garantito!

Un altro aspetto importante da considerare quando ci si relaziona con le persone è la "causatività" (lo scrivo tra virgolette altrimenti la copy dell'Agenzia si risente, perché non è una parola propriamente italiana).

Il concetto in sostanza è che quando ci troviamo di fronte a una situazione negativa o a un problema, dobbiamo sempre sentirci causa di tale problema. Questo è l'unico modo per avere il controllo e risolvere la situazione. Essere causativi è una delle più grandi sfide del genere umano.

Per far rendere al massimo un collaboratore, ti invito anche a studiare per bene l'effetto Pigmalione (o effetto Rosenthal). È un effetto che dimostra come una profezia, a seguito di comportamenti inconsci, possa avverarsi.
Te lo spiego con un esempio: se tu nel tuo profondo sei convinto che un tuo collaboratore sia scarso, inconsciamente lo tratterai in modo tale che nel corso del tempo quella risorsa diventerà proprio come te la eri immaginata. Al contrario, se tu valorizzi ogni persona al massimo, cercando di far tirar sempre fuori il 110%, vedrai che avrai maggiori possibilità di fargli raggiungere i tuoi obiettivi. In pratica è il contesto che vai a creare attorno a una persona a fare la differenza.

Ricordati sempre di valorizzare le tue risorse, ascoltale e ricordati che le persone hanno bisogno di sentirsi coinvolte nel lavoro, hanno bisogno di essere ascoltate e soprattutto capite. Rendile felici perché solo in questo modo potrai raggiungere, assieme a loro, grandi traguardi.

Marketing e formazione hanno veramente moltissime analogie, fanno infatti parte della **spina dorsale di qualsiasi impresa** ambiziosa e determinata nel crescere e centrare i propri obiettivi.

Nelle aziende che fanno la differenza ho notato che marketing e formazione sono due aspetti sui quali l'imprenditore dedica particolare attenzione.

Quello che ho visto funzionare, sia nelle mie imprese ma anche in quelle di alcuni miei clienti, è una **pianificazione annuale di precisi momenti dedicati alla formazione**. Questo diventa un imperativo quando si ha a che fare con certe mansioni (per esempio quelle in cui la tecnologia si evolve molto rapidamente e bisogna restare al passo) ma valgono anche per la formazione personale, quindi non legata ad aspetti puramente tecnici ma alle qualità potenziali di una risorsa. Ogni persona infatti ha i propri punti di forza e dei punti deboli. Durante l'anno bisogna dedicare del tempo a lavorare sulle aree di miglioramento, che rappresentano lo stato attuale di una persona ma non il suo punto di arrivo. **Le aree di miglioramento di tutti noi sono enormi se supportate da un adeguato piano formativo**.

Prevedi sia una formazione individuale (*one to one*) sia di gruppo.

Quella di gruppo è molto importante perché **il successo di un'azienda dipende da quanto affiatate sono le persone tra di loro**. Statistiche alla mano è probabile che la tua impresa sia composta da una dozzina di dipendenti. Se queste persone non sono motivate e non si sentono **coinvolte negli obiettivi aziendali** difficilmente riuscirai a centrare gli obiettivi che ti poni. Coinvolgi il gruppo ma anche il singolo nella **meta aziendale**.

Devi esplicitarla a tutti e verificare quanto sia compatibile con quella della singola risorsa. Se le due mete non viaggiano in parallelo, avrai in casa una persona che non darà mai il massimo alla causa aziendale.

Il **gruppo** è fondamentale. In azienda ci saranno dei momenti difficili da superare, se il gruppo non è coeso si rischia di rimanere impantanati nei problemi o di avere grandi difficoltà nel risolverli. Se il gruppo invece condivide la meta aziendale, anche i momenti più critici verranno brillantemente superati.

Quello che devi chiederti innanzitutto è se hai esplicitato a tutti i tuoi collaboratori dove vuole arrivare l'azienda. Se non lo hai fatto, devi farlo subito. Verifica poi se gli obiettivi aziendali sono compatibili con quelli dei singoli.

La tecnologia viene in aiuto agli imprenditori anche per la formazione. Oggi ci sono strumenti che permettono di svolgere sessioni utilizzando internet. Nelle mie aziende per esempio, sfruttiamo molto la **formazione a distanza (FAD)**. Ci siamo dotati di una piattaforma che permette alle persone di seguire un percorso didattico direttamente online. Grazie a dei video, la persona fruisce del contenuto alla fine del quale è possibile, tramite dei test, verificarne la comprensione (*e-learning*).

Oltre alla formazione a distanza, sfrutta la **messaggistica istantanea**. Esistono molte app che lo permettono (Whatsapp, Telegram ecc.), basta creare un gruppo, aggiungere le persone, e iniziare a mandare dei messaggi quotidiani ("pillole formative") per tenere sempre alta l'attenzione. Ho visto che questa tipologia di comunicazione serve molto soprattutto per le reti di vendita.

Nelle attività strategiche della tua azienda quindi non dimenticarti mai della **formazione**. Devi prevedere aggiornamenti in ambito marketing / vendite e sessioni didattiche delle risorse umane.

Dedica infine ogni mese del tempo per lavorare sul gruppo: come ti dicevo, il tuo successo dipende da quanto le persone riusciranno a cooperare insieme in armonia.

Riassumendo:

1. Riconosci se una risorsa è allineata o disallineata

2. Cerca di attrarre e mantenere i talenti premiandoli e garantendo formazione costante

3. Usa la tecnica del panino comunicativo per ottenere il massimo

4. Sii causativo e incentiva la causatività nel personale

5. Fai attenzione all'effetto Pigmalione

6. Prevedi sessioni di formazione in modo costante, sia singole sia di gruppo

I IMMAGINE (corporate identity)

"Rendilo semplice. Rendilo memorabile. Rendilo invitante da guardare"(Leo Burnett)

L'abito fa o non fa il monaco?
Viviamo in una società in cui l'apparenza conta; che ci piaccia o no, questo è il contesto. Vale per le persone ma anche per le aziende, che devono avere un'immagine in grado di rispecchiare i valori dell'impresa.

Ogni realtà deve quindi mostrare la propria personalità e diffonderla in modo chiaro su tutti gli strumenti di comunicazione.

Per un'azienda avere un'immagine personale (unica, ben distinguibile e adatta al settore) è diventato un *must*, oggi molto di più rispetto al passato. Bisogna però rispettare quella che io chiamo la regola delle tre "C" (sempre in tema di lettere dell'alfabeto):

- **Coerenza** (con il settore e con i valori fondamentali dell'azienda, mission e vision);
- **Coordinazione** (tutto deve essere declinato con i segni distintivi sia grafici sia testuali in tutti gli strumenti di comunicazione, online e offline);
- **Costanza** (bisogna mantenere nel tempo la propria immagine, non bisogna cambiarla solo perché la moda del momento è un'altra).

Coerenza – Come anticipato, l'immagine identificativa di un'azienda deve essere unica e originale, ben distinguibile (che si differenzia nettamente dagli altri player) e adatta al settore (che consenta di effettuare un rapido collegamento al prodotto o servizio che si produce o commercializza).

È importante che ci sia anche coerenza con i valori dell'azienda e la sua mission. L'immagine deve sposarsi perfettamente con la vision.

Un'azienda italiana (triestina) da prendere come esempio è Illy, realtà che ha fatto della sua immagine un punto di forza: pulizia, minimalismo e sobrietà sono le caratteristiche che la contraddistinguono e che si possono riscontrare ovunque, dalla tazzina del caffè fino al packaging. Massima attenzione nell'uso dei colori, mantenimento della *identity* aziendale sempre e comunque. È anche questo a fare grande un'azienda: permettere al consumatore di riconoscere immediatamente quelle che sono le caratteristiche distintive e i propri valori.

Anche Barilla è un ottimo esempio italiano in tal senso. Il suo inconfondibile colore blu si trova ovunque, dalle confezioni di pasta al sito web, passando per le brochure.

Se ci spostiamo invece oltreoceano, Apple è un'azienda che ha fatto dell'immagine il suo punto forte: visual essenziale anche del prodotto stesso e dei punti vendita.

Coordinazione – Sempre più spesso si parla di immagine coordinata, perché visivamente ogni azienda dovrebbe avere una chiara riconoscibilità su tutti i supporti di comunicazione utilizzati, dai biglietti da visita fino al sito web. Sembra scontato ma non lo è. Ci sono in Italia moltissime imprese che non hanno una chiara immagine che le identifichi.

Oggi si comunica online ma anche offline e in questi contesti i canali sono molti. Ovunque ci sia un elemento che richiami l'azienda, ecco che quell'elemento deve ricordare in modo immediato la medesima impresa. Qualunque sia il prodotto di un'azienda o il materiale aziendale che si realizza, l'immagine deve essere coordinata: stessi colori, stessi elementi grafici, stesso concept.

Costanza – Prima di identificare un'azienda con una precisa immagine serve tempo. Questo significa che il coordinato deve essere mantenuto a lungo. Si possono ovviamente fare dei restyling e aggiornamenti, ma è importante che ci sia continuità. La corporate identity deve essere riconosciuta negli anni. Non condivido un'immagine statica, che resta la stessa nei decenni, è giusto che ci sia un ammodernamento anche se il filo conduttore deve essere il medesimo. Gli esempi citati prima sono degli ottimi riferimenti.

La tua azienda ha creato una immagine aziendale ben fatta? Verificalo subito, prendi il tuo biglietto da visita, apri il sito web e prendi l'ultima brochure. Riconosci la stessa azienda o potrebbero essere strumenti di imprese differenti? Quei materiali trasmettono davvero i valori della tua impresa e sono adeguati per il tuo target e il tuo settore?
Se la risposta è negativa significa che non ha un'immagine coordinata e senza di essa non potrai mai puntare in alto. Pensa ai numeri uno. Pensa alla Apple per esempio: il packaging dell'iPhone è coordinato al sito web e allo *smartphone* stesso. Apri un computer MAC, anche la parte tecnica segue lo stile aziendale! Steve Jobs era un fanatico su questo e il grande successo della Apple deriva anche da ciò.

E il tuo logo? Rispecchia assieme al *pay off* quello che sei attualmente? È moderno e al passo coi tempi?
Logo, *pay off*, v*erbal nail*, *visual hammer* e *battle cry* devono enunciare in modo chiaro quello che è il posizionamento aziendale. Ti invito a documentarti bene su questi elementi perché rappresentano il DNA di qualsiasi impresa.

Il logo soprattutto essendo il primo elemento di comunicazione con il mercato, deve evolversi come si evolve l'azienda. È assolutamente errato pensare che un logo debba rimanere graficamente il medesimo con il passare degli anni. Ti faccio alcuni nomi: Coca Cola, Pepsi, IP (gruppo Api), Juventus, McDonald's. Sono tutti esempi di aziende con loghi che hanno sempre mantenuto la loro riconoscibilità (anche se in alcuni casi la differenza è stata importante perché l'azienda ha voluto segnare un cambio di passo) ma si sono evoluti e modernizzati negli anni.

Infine pensa profondamente al nome della tua azienda.

Lo so, potrà sembrarti strano, ma anche il nome conta, soprattutto se hai a che fare con l'estero. **Il tuo nome deve essere facilmente pronunciabile e deve restare nella mente delle persone**.

Se così non fosse, devi metterti il cuore in pace perché dovrai intervenire anche su questo. Ho voluto far riferimento anche al *naming* perché spesso mi capita di lavorare per aziende che hanno dei nomi impronunciabili oppure nomi che vengono pronunciati in modo differente da un paese all'altro. Questo ovviamente non deve esistere se vuoi che la tua azienda esca dall'anonimato.

Ti do un consiglio: evita gli acronimi (esempio: NST), i cognomi (esempio Rossi S.r.l), utilizza un nome che sia memorabile.

"Il nome è il gancio che appende il brand nella scala dei prodotti nella mente del potenziale cliente. Nell'era del positioning, la singola, più importante decisione che tu possa prendere è che nome usare per il tuo brand." (Al Ries)

Riassumendo:

1. La coerenza serve per esprimere sempre i valori dell'azienda

2. La coordinazione è importante per far percepire che un materiale è proprio di quell'azienda

3. La costanza è indispensabile perché un brand diventi forte nel tempo

4. L'importanza del logo e del nome aziendale

L LEAD GENERATION

Un sistema di acquisizione clienti passa necessariamente per la creazione di *lead*.

Per *lead* nel marketing si intende: persona o azienda in target, che ha espresso un primo livello di interesse ad approfondire una proposta commerciale.

È importante capire il contesto del mercato italiano che è composto da aziende che mediamente hanno meno di cinque addetti e fatturano meno di cinque milioni di euro. Queste imprese di solito non hanno **nessuna persona specializzata nel marketing** e **sono debolissime dal punto di vista delle vendite**. E per persona "specializzata" sia chiaro che non intendo il nipote neolaureato, o il cugino "smanettone". La lead generation in queste realtà è spesso un argomento semi sconosciuto.

In questo tipo di contesto **l'acquisizione dei clienti è quindi un optional**. **Non c'è una strategia** a monte che possa prevedere un certo tipo di azioni da svolgere per portare dei risultati misurabili e non esiste quindi un sistema marketing/vendite che possa rappresentare il vero motore dell'azienda.

Un'azienda per sviluppare il proprio business deve invece applicare due tipologie di attività differenti: **una cosiddetta *pull* e l'altra *push***.

Per attività (di marketing) pull – o *inbound* – si intendono principalmente strategie legate a piattaforme come **Google Ads o Facebook Ads** e alla lead generation ad esse associata.

Per strategia *inbound* si intende quell'attività che genera un'**opportunità commerciale** (quindi un lead > richiesta di info/preventivo/incontro proveniente da un'azienda in target) grazie a un contatto (solitamente telefonico o tramite e-mail) che arriva direttamente dal cliente potenziale. Non è quindi l'impresa a cercare il cliente, ma è il cliente che, partendo da uno stato di bisogno (più o meno palesato), si mette a fare delle ricerche tramite Google e trova il sito web (o una landing page, ovvero una pagina realizzata appositamente per la lead generation) dell'azienda in questione e **compie l'azione di contatto**.

Oggi ci sono un sacco di strategie in merito. Quella che ritengo essere imprescindibile perché tra le più efficaci, è sicuramente rappresentata da **Google Ads**. Questo motore di ricerca (google.com) viene utilizzato da qualsiasi persona che necessiti di trovare informazioni di ogni genere. Sgombera la mente dal pensiero che il tuo settore sia differente o che il tuo cliente non cerchi nel web. Non è vero! Gestiamo ogni anno centinaia di campagne B2B e ti assicuro che anche le aziende che operano in settori di nicchia trovano in Google un'opportunità enorme. Se non la cogli tu lo farà uno dei tuoi competitor, che sicuramente non resterà fermo ad aspettare.

La piattaforma di Google è disponibile per tutti, questo significa che anche tu puoi attivare un profilo e implementare la tua campagna. Ti sconsiglio però vivamente di procedere in autonomia. Non perché tu non possa farcela, ma perché **Google Ads è un mondo enorme e in costante aggiornamento**, sicuramente commetteresti degli errori che ti farebbero

perdere tempo ma soprattutto soldi. Quindi affidati a qualche professionista e condividi a monte i risultati che vuoi ottenere.
Il bello di questa strategia è che puoi monitorarla in tempo reale, modificarla e addirittura interromperla in qualsiasi momento. Basta un click.

Ecco alcuni termini che devi conoscere. Anche se affidi la gestione della tua campagna a qualche professionista, è bene che tu abbia comunque presenti questi pochi concetti chiave:

- **Impression**: quando il tuo annuncio compare a seguito di una ricerca su Google fatta con le parole chiave (*keywords*) che hai scelto (le impression non le paghi, paghi solo i click sull'annuncio – pay per click – che ti spiego nel punto seguente

- **CTR** (percentuale di click): la percentuale di click sul totale delle *impression*.

- **Conversion rate**: la percentuale di *lead* sul totale degli accessi al mio sito web o *landing page*.

Con questi 3 parametri puoi avere il controllo "minimo" della tua campagna.
Come capire se sta andando bene? Un parametro medio indicativo da tener presente (da prendere sempre con le pinze perché può cambiare di molto a seconda del settore e anche del periodo) è che devi avere sempre almeno l'1% di CTR e almeno l'1% di *conversion rate*.

In aggiunta a Google ti invito ad utilizzare **Facebook**. Tieni presente che **su questo social ci sono più di 2 miliardi di utenti e tra questi c'è anche il tuo cliente.**
E negli ultimi anni sono gli over 40 a utilizzare sempre di più questo canale.
È evidente che le campagne vanno fatte targetizzando gli annunci quindi andando a intercettare solo l'audience di

interesse.

Ricordati che **su Facebook si va ad intercettare la cosiddetta "domanda latente"**. A differenza di Mr. Google, sul social del Sig. Zuckerberg gli utenti passano spesso il loro tempo libero (ATTENZIONE: prevedo grandi aggiornamenti, su questo social già ora gli utenti tendono a fare ricerche e questo trend secondo me continuerà in futuro), quindi trovano la tua pagina web (o il tuo profilo social) senza per forza di cose essere in uno stato di bisogno. Questo è un aspetto che devi tener presente quando imposti la tua campagna e ne valuti le *redemption*.

Tratteremo il tema dei social approfonditamente in un altro capitolo. Quello che ora è importante che ti sia chiaro, è che nelle tue leve di marketing *inbound* finalizzate ad acquisire clienti **devono esserci sempre sia Google sia i social network** (Facebook su tutti).
Se non stai sfruttando a sufficienza Google e Facebook devi essere consapevole che stai lasciando un sacco di clienti in mano ai tuoi competitor.
Il consiglio che mi sento di darti anche per Facebook è di affidarti a chi lavora quotidianamente con questo social, che ha dei ritmi di cambiamento ancora superiori a quelli di Google.

L'altra macro leva da utilizzare è la cosiddetta attività di **marketing *push***. Se i tuoi clienti sono identificabili, quindi se corrispondono a uno o più codici Ateco (vedi ateco.infocamere.it), è possibile svolgere un'azione di contatto diretto (parleremo successivamente del marketing diretto) finalizzata alla *lead generation* e alla successiva presa di appuntamento per la tua rete vendita.

Scrivi **il tuo database di clienti potenziali** differenziando, se necessario, il target in base alla tipologia di messaggio.

Attenzione alla legislazione in tema **privacy**. Per poter effettuare un'azione di contatto, soprattutto se telefonico, in Italia devi rispettare delle regole. Se vuoi per esempio chiamare un utente per fargli una proposta commerciale, devi verificare che non sia iscritto al Registro delle Opposizioni (www.registrodelleopposizioni.it).

La tematica Privacy è complessa, ti consiglio di visionare in merito le slide presenti a questo link https://www.slideshare.net/aimb2b/marketing-e-privacy.

Una volta formato il tuo database devi capire quale sia il **mezzo migliore da utilizzare**.

Organizza l'azione in differenti step, potresti per esempio partire inviando del **materiale via posta ordinaria** a chi ti ha preventivamente lasciato i suoi dati su una tua landing page. Accompagnalo con una lettera di vendita e ricorda che per raggiungere l'obiettivo (appuntamento) devi "stupire" il prospect con ciò che gli mandi, non limitarti mai a una semplice sales

letter.
Ecco un esempio di materiale che potresti inviare al tuo cliente:

1. Una bella busta con al suo interno una **lettera di vendita** (ATTENZIONE al *copywriting*, lo scrivere per vendere è un mestiere).
2. Almeno un **benefit** (dagli concretamente qualche beneficio che gli faccia capire subito quali vantaggi potrebbe ottenere da te, quali problemi gli risolvi).
3. Inserisci le **testimonianze**. Devi infatti assolutamente raccogliere delle dichiarazioni di clienti soddisfatti che ci mettano letteralmente la faccia.
4. Metti in evidenza le **garanzie** offerte.
5. Sfrutta i **case study**. Molto efficaci sono le dimostrazioni del "prima e del dopo"
6. Altro materiale che rafforzi la tua **autorevolezza** come per esempio articoli usciti su riviste spcializzate.
7. Infine eventuali **report** o **guide** da te realizzate.

Ricorda che una testimonianza efficace deve avere: nome, cognome, azienda, dichiarazione e foto della persona che testimonia che gli hai risolto dei problemi. Meglio se la puoi raccogliere tramite un video.

In questa pagina web trovi qualche esempio:
https://www.ippogrifogroup.com/html/agenzia_diconodinoi.html.

Come fare per ottenerle? Semplice, devi abituarti a chiederle sempre! Devi **procedurizzare** questo step, quando sai che un cliente ha fruito del tuo prodotto o servizio (o parte di esso), hai superato le sue aspettative ed è in una fase di up emotivo, ecco che devi "**spremerlo**" fino a quando non ti rilascia una testimonianza cercando di "pilotarla".

La testimonianza deve essere utilizzata soprattutto per

smontare le obiezioni dei clienti potenziali. Hai quindi bisogno che la testimonianza dia risposta a quelle che sono le classiche resistenze dei prospect. Ecco perchè è sempre meglio che sia tu a dare delle indicazioni al tuo cliente su che cosa dichiarare. E, mi raccomando, chiedi anche l'autorizzazione scritta per il suo utilizzo.

Tornando al materiale da spedire: potresti pianificare degli invii ripetuti (non limitarti a un'azione *one shot*) da mandare via posta (ovviamente da differenziare ogni volta). Ti ricordo che quello che invii non deve limitarsi a un povero e semplice A4 piegato in tre, manda qualcosa che sia di valore e che si faccia notare come per esempio un box omaggio pieno di materiali (per esempio quelli citati prima).

All'interno della lettera di vendita ricordati di inserire una *call to action* (quindi l'obiettivo che vuoi raggiungere con quella lettera, che potrebbe essere "un'alzata di cornetta" per chiamarti o la compilazione del form del tuo sito web) che ti permetta di verificare i riscontri dei vari invii.

Dopo aver fatto l'invio, procedi con un ***follow up* telefonico**. Devi dotarti di uno *script* per le telefonate (anche qui ci sono alcune precise regole su come farlo, perché le parole possono ottenere un effetto superlativo o farti fare un buco nell'acqua).

Quindi contatta il referente di tuo interesse e chiedi innanzitutto se ha ricevuto il materiale. Successivamente spiegagli il motivo del contatto, convincendolo ad accettare una visita. Il contatto telefonico deve avere il solo obiettivo della presa di appuntamento quindi non pensare minimamente di fare mezze trattative tramite cornetta!

A questo punto devo fare una doverosa precisazione.

Lo schema che ti ho descritto ora (invio di materiale via posta e *follow up* telefonico) devi ripeterlo (cambiando sempre i contenuti e relativi benefit) fino a quando il tuo *prospect* (cliente potenziale) non diventa un cliente acquisito. Ricorda anche che il tuo target deve essere contattato costantemente, non limitarti mai alle azioni sporadiche.

Il tuo potenziale cliente deve infatti venire "nutrito" regolarmente con contenuti di qualità che lo portino, nel momento più opportuno, ad accettare un incontro e quindi a diventare successivamente un tuo cliente.

Quello che non può mancarti per la corretta gestione di tutte queste attività e informazioni (anagrafiche di aziende, storico contatti ecc.) è un **software CRM**. Anche qui puoi trovarne di molti ed efficaci in forma assolutamente gratuita. Non iniziare nemmeno a fare queste azioni di marketing in assenza di un CRM perché non avresti lo strumento che ti ricorderebbe cosa fare quotidianamente (chi devo contattare? Che cosa devo dirgli? Quando devo fare il *follow up* su un'offerta? Ecc.), ma soprattutto non avresti il minimo **controllo statistico delle azioni svolte**.

Ma perché ti ho parlato sia di azioni *push* che azioni *pull*? Perché non una sola delle due? Magari quella che solitamente costa meno e che porta maggiori risultati? La risposta è relativamente semplice. **Tutte e due le leve hanno dei pro e dei contro**. In sintesi: la leva *pull* ti permette di ottenere richieste di aziende che sono in uno stato di bisogno ma non sei certo che rappresentino il tuo target di riferimento corretto. La leva *push* ti offre invece la possibilità di segmentare le aziende che sei certo rappresentino il tuo target ma non sai in quale fase si trovino attualmente, potrebbero non avere alcun tipo di bisogno palesato. Quindi il mix di queste due leve è la soluzione più efficace per generare opportunità commerciali.

Ottenere dei risultati da qualsiasi azione di *lead generation* necessita di **tempo durante il quale svolgere molti test**.
Tutti vogliono raggiungere il massimo risultato nel minimo tempo.
Devo però informarti che nel marketing – e non solo – non funziona affatto così e più il tuo settore è specifico, maggiore è

il tempo che dovrai dedicare ai test.

Serve quindi tempo. Quanto? Dipende. Da che cosa? Dall'esito dei test.
Anche quando l'esito sarà positivo, dovrai continuare a monitorare la tua strategia per ottimizzarla e dovrai essere pronto, se necessario, a smontarla e rimontarla completamente perché il mercato cambia ed è in continua evoluzione.

Bisogna quindi mettere in preventivo anche dei fallimenti, ovvero delle campagne che non portano risultati. A volte nemmeno minimi ed **è assolutamente normale**.
A tal proposito io faccio sempre questo esempio: puoi essere la squadra di calcio più forte del campionato, ma nel corso dell'anno devi prevedere delle sconfitte. Potrai vincere il campionato e anche la Champions League, ma nel corso della stagione le sconfitte probabilmente arriveranno e, se vuoi che te lo dica, penso che spesso siano addirittura utili. È dalle sconfitte che si traggono conclusioni ed esperienze che ti permettono di fare sempre meglio.
Nel marketing funziona allo stesso modo. Se metti in piedi varie strategie, devi passare innanzitutto per le fasi di test, dedicare del tempo alle varie **ottimizzazioni**, per poi arrivare al risultato.
A volte non arriva subito o comunque non arriva nei tempi che vorresti. Pensa per un attimo alla storia di Steve Jobs: sai quanto tempo è stato per realizzare i suoi obiettivi? E sai che cosa ha dovuto superare in termini di difficoltà? Sai quante prove e test ha fatto prima di realizzare i prodotti che hanno cambiato la nostra vita? La sua storia la conosciamo tutti e sono infiniti gli esempi di questo tipo, tutti accomunati dal fattore tempo (e dalla perseveranza).

"Il lavoro di marketing non è mai finito. Si tratta di un moto perpetuo. Dobbiamo continuare a innovare ogni giorno." (Beth Comstock)

Sono perfettamente consapevole che viviamo di risultati e che non possiamo passare troppo tempo a occuparci di sperimentazioni. In questo libro infatti ho cercato di riassumere alcune delle mie esperienze per farti perdere il minor tempo possibile. Attenzione però che, come ho specificato anche inizialmente, **non esiste la ricetta perfetta**, quindi devi armarti di test e pazienza.

Non mollare alla prima difficoltà, mai. Qualsiasi strategia di *lead generation* tu metta in piedi, quella si fonderà sulla **ripetizione costante (finalizzata a migliorare le performance) di un processo**. Quindi attiva la strategia, testa, verifica i risultati, se non sono quelli che vorresti allora lavora per ottimizzare il processo. Poi testa nuovamente la strategia e verifica ancora. E così via. È un circolo senza fine.

Oggi un'azienda non può permettersi di **vivere solo di passaparola** (che va benissimo, il *referral marketing* è una strategia molto efficace ma non può essere l'unica) o dipendere dalle performance - magari pessime - della propria rete vendita, soprattutto se lasciata libera di agire in totale autonomia e senza precise regole scritte (hai una procedura commerciale scritta che spiega passo dopo passo cosa deve dire e che cosa deve mostrare un commerciale in fase di appuntamento?).

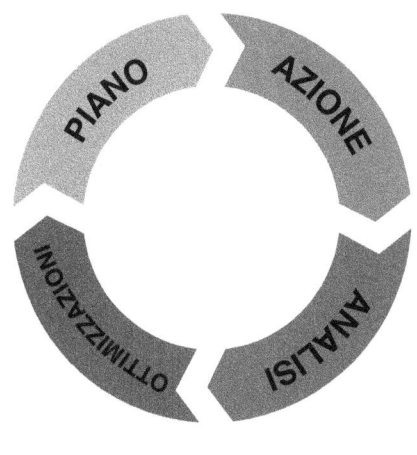

Ricordati che queste sono le azioni di marketing imprescindibili per la tua *lead generation* e non dimenticarti mai che i risultati arrivano nel tempo! Se avrai la pazienza di andare avanti, otterrai sicuramente i risultati che ti aspetti.

Ultima breve ma importante considerazione: per aumentare le vendite non ci sono soltanto i nuovi clienti, ci sono anche i clienti acquisiti sui quali si possono fare azioni finalizzate a incentivare acquisti costanti. Quindi nella tua strategia non scordarti di mettere in piedi delle attività (offerte da veicolare ripetutamente) finalizzate a far comprare costantemente da te i clienti già in portafoglio. Fai in modo che gli acquisti siano costanti.

"Non lavorare mai per un cliente così grande che non puoi permetterti di perdere." (David Ogilvy)

Riassumendo:

1. Scrivi un database targetizzato e intraprendi un'attività inbound o outbound (o entrambe)

2. Prima di farlo, dotati di un CRM

3. Organizza un'attività con strategia inbound - Google Ads, Facebook Ads & co.

4. Organizza un'attività con strategia outbound - invio materiale via posta ordinaria o newsletter

5. Fai sempre seguire un *follow up* telefonico per rinforzare l'azione

6. Testa la strategia

 MARKETING DIRETTO

Il marketing diretto (chiamato anche *direct marketing*) è quell'insieme di attività di comunicazione finalizzato a **ottenere una risposta misurabile**. È infatti l'unica attività di marketing la cui misurabilità è **scientifica**.
Quando i budget disponibili per il marketing non sono elevati, il marketing diretto è tra tutti quello che sicuramente ti permetterà di avere i maggiori benefici. Infatti questa strategia è l'unica che ti permette, seppur con budget più contenuti rispetto alle altre, di **avere il pieno controllo dell'azione** grazie alla sua misurabilità. Inoltre, in media offre tassi di *redemption* più alti delle strategie tradizionali.

Gli imprenditori italiani spesso associano il marketing alla pubblicità, quella che si faceva una volta (o si fa ancora tutt'ora in certi settori soprattutto del B2C) e che **si basava soprattutto sulla creatività**, utilizzando mezzi di comunicazione di massa (come la TV, la radio, i quotidiani oppure le affissioni). L'obiettivo era cercare di comunicare in modo memorabile per essere ricordati.

Ecco, il *direct marketing* è agli antipodi: non ha nulla a che vedere con la creatività e di solito non utilizza mezzi di comunicazione di massa. Ciò che lo caratterizza e che lo rende indispensabile per l'imprenditore delle PMI, è l'assoluta misurabilità dell'azione svolta.

Altri imprenditori pensano che per sviluppare il business basti avere una **rete vendita numerosa**, composta da agenti (anche plurimandatari) pagati a provvigione. Gli agenti, sempre secondo questo genere d'imprenditori, devono essere quotidianamente in prima linea, cercando di entrare nelle aziende per strappare qualche vendita.

Oppure altri ancora pensano che basti trovare l'agente "giusto", quello in grado di scalzare la concorrenza, avendo in mano un portafoglio clienti.
Purtroppo devo deludere entrambe le tipologie di imprenditori perché tutte queste sono credenze legate a modalità di fare marketing degli anni '70. Sorry, il mondo è cambiato. Quelli appena elencati sono metodi obsoleti che non funzionano più.
Oggi il modo più economico per acquisire clienti è applicare un'attività di marketing diretto.

In Italia le aziende non sono abituate a fare *direct marketing*, cosa che invece negli Stati Uniti è ormai la normalità. Questa per te potrebbe rappresentare un'opportunità perché saresti tra le poche imprese del tuo settore che sfruttano questa potentissima leva di marketing.

Un'altra peculiarità del *direct marketing*, oltre alla misurabilità, è rappresentata dal **contatto diretto del potenziale cliente**. Infatti si stabilisce una relazione *one to one* con il proprio target e per reazione si ottiene **una risposta**.

Quali sono gli strumenti di marketing da utilizzare per implementare una campagna di *direct marketing*? Sono sicuramente molti, soprattutto adesso che il marketing digitale (quindi tutto il mondo online e dei social) è diventato parte della nostra quotidianità.

Quelli che solitamente utilizziamo nei nostri progetti sono il *direct mailing*, **il marketing telefonico e tutta la parte social**. Ma a prescindere dal canale, la tattica alla base della tua strategia di marketing / commerciale è sempre quella del *direct response*. Ovvero devi fare un'azione per ottenere un **feedback** di ritorno.

La grande differenza tra il *direct marketing* e il *mass marketing* è proprio questa: con le azioni di massa spari il tuo messaggio nel mucchio, investendo ingenti budget e avendo grande difficoltà nel capire la misurabilità della tua azione. Con il *direct* è esattamente l'opposto: fai una targetizzazione molto precisa, hai una misurabilità scientifica e quindi un'ottimizzazione dell'investimento a fronte di un maggiore ritorno in termini di opportunità commerciali.

Target ampio = mass media = costi elevati = poca interazione

Contatto diretto = comunicazione one to one = costi ridotti = alta interazione

Ecco gli strumenti più interessanti del *direct marketing*.
Il direct mailing consiste nell'invio di materiale fisico come una **busta contenente una lettera, una brochure e altri supporti**. Come abbiamo visto nel capitolo della *lead generation* il materiale ha l'obiettivo di incentivare il tuo potenziale cliente a contattarti, tramite il telefono o il *form* di un sito web (al quale sarà arrivato leggendo il contenuto della tua *sales letter*).
Questo è un modo che ti permette di misurare perfettamente l'efficacia dell'azione perché conosci il costo che hai sostenuto per inviare quel mailing e hai la chiara misurabilità di quelli che

ti hanno ricontattato.
Ovviamente a monte bisogna svolgere un'attenta segmentazione del target. Se mandi il miglior messaggio del mondo con la più bella creatività al target sbagliato, farai sempre un buco nell'acqua.

Il **marketing telefonico** è un'altra attività molto efficace da svolgere in associazione all'invio della lettera.

Bisogna fare molta chiarezza in merito al *telemarketing* perché soprattutto in Italia ogni persona (e tu sei tra queste) è solitamente bombardata da telefonate provenienti da vari *call center* (spesso stranieri) di telefonia o di fornitura di gas ed energia elettrica, che vogliono vendere il contratto di turno. Il telemarketing ha quindi assunto un'accezione completamente negativa. Nel B2B però, l'attività di contatto è svolta diversamente perché è **un'azione di *follow up*** fatta sull'utente che ha ricevuto inizialmente del materiale (via posta ordinaria o elettronica), che è stato targetizzato e soprattutto che non è inserito nel Registro Pubblico delle Opposizioni. Non si tratta quindi di un'azione fatta a freddo!

Il telemarketing è molto efficace se combinato a un'altra azione svolta precedentemente. Anche questa attività è misurabile ed estremamente efficace in termini di ritorno.

L'ultima azione di marketing a risposta diretta che vedremo in questo capitolo è quella effettuata **tramite i social network**. È errata la convinzione che il social sia un mezzo di comunicazione di massa. O meglio, diciamo che lo è, ma le azioni che andiamo a fare prevedono a monte un'attenta **segmentazione** che va quindi a centrare perfettamente il target d'interesse.

Se produco per esempio dissipatori di calore, posso andare a intercettare tramite Facebook solo gli utenti che lavorano in aziende elettroniche, che hanno dai 40 ai 55 anni, uomini e che risiedono soltanto in Lombardia (questo fino a quando

Facebook non cambierà le sue regole del gioco). Questo è un esempio che ho fatto per farti capire che vado a svolgere un'azione di marketing diretto su un target ben identificato. Ovviamente non basta individuare la audience, serve poi un messaggio che incentivi il contatto e uno strumento (come una landing page) con il giusto contenuto che spinga il potenziale cliente a effettuare il contatto.

I contenuti, solitamente testuali, funzionano solo se il *copywriting* è concepito per generare una risposta diretta dal tuo target. Ti invito quindi ad affidarti a un *copywriter* professionista. Non pensare che scrivere una lettera di vendita sia semplice, ma soprattutto ricorda che ci sono precise regole per scriverne una che sia efficace.

Lo stesso discorso vale per gli altri strumenti. Implementare una campagna di Facebook Ads necessita di competenze. Quello che però puoi fare tu è essere consapevole degli strumenti da utilizzare ed esserne il regista.

Riassumendo:

1. Fai azioni di marketing diretto perché è misurabile

2. Come si organizza un'azione di direct mailing

3. Attiva il marketing telefonico e i *follow up* alle altre attività

4. Utilizza i social network in maniera mirata

NURTURING

Nel marketing, con il termine *nurturing* si intende l'**insieme di azioni finalizzate a "nutrire" il *lead*** fino a quando non è pronto a diventare un cliente.

Te la faccio più semplice evitando la terminologia botanica: nel momento in cui generi un *lead*, spesso il potenziale cliente che entra in contatto con te non è ancora pronto ad acquistare; le azioni di *nurturing* sono indispensabili perché hanno l'obiettivo di dargli costantemente delle motivazioni a seguirti, fino a quando non sarà lui stesso a decidere spontaneamente di acquistare il tuo prodotto o servizio.

N.B. Rispetto al passato, al giorno d'oggi il cliente compra quando vuole lui e non quando sei tu a volergli vendere qualcosa. Ecco quindi che la *lead nurturing* diventa una strategia che ogni impresa deve adottare se intende acquisire nuovi clienti.

Qualsiasi decisione d'acquisto passa per diverse fasi. Soprattutto nel B2B la componente emotiva è meno marcata (c'è sempre perché comunque abbiamo a che fare con le persone, ma sicuramente è meno impulsiva), quindi le azioni di *lead generation* vanno a creare anche una serie di opportunità che possono concretizzarsi nel medio, se non addirittura lungo termine. L'unico modo affinché queste **opportunità prima o poi si concretizzino** è quello di avere un piano di **lead nurturing** ben organizzato. Senza una strategia di *nurturing* perderesti gran parte di quelle opportunità che si rivelerebbero tali solo nel medio periodo.

La coltivazione delle opportunità che ti descrivo di seguito è la più semplice ed efficace che abbia mai testato. L'attività di *lead nurturing* può essere anche molto strutturata, il rischio in questi casi è di programmare un'attività talmente complessa che non riesce nemmeno a partire. Ecco perché vado a spiegarti una strategia efficace, ma anche semplice da attuare. Quello di cui hai bisogno è un software per la gestione delle e-mail e il supporto di un *copywriter* per la produzione dei contenuti.

Partiamo dal presupposto che hai in atto una serie di **attività finalizzate a generare dei *lead*** (quelle che abbiamo visto nei capitoli precedenti). Queste attività le dividiamo in due macro gruppi:

1. Lead generation di breve termine;
2. Lead generation di lungo termine.

Le azioni di breve termine sono quelle messe in atto per **produrre fatturato rapidamente**, diciamo in un massimo di 4 mesi (dato che il tempo può variare in base alla lunghezza del ciclo di vendita, mediamente però, se parliamo di B2B, consideriamo come periodo indicativo i 120 giorni).
Quelle a lungo termine sono invece azioni attivate principalmente per **raccogliere i dati di un potenziale cliente** (offrendogli la possibilità di fruire di un contenuto di valore) che, con le giuste azioni di *nurturing*, lo porteranno a diventare un cliente acquisito in un tempo superiore a quello medio del tuo ciclo di vendita.
Come mai anche le azioni di *lead generation* di breve periodo

devono prevedere una strategia di *lead nurturing*?
Perché non tutte le opportunità generate si tradurranno in fatturato immediato, quindi la **coltivazione di tutti i contatti** che non diventano clienti subito è fondamentale. Altrimenti il budget investito per generare delle opportunità sarebbe per gran parte sprecato. Tutti i lead che non diventano clienti nel breve periodo, devono entrare in un *funnel* che preveda un piano di *nurturing*. In questo modo avrai la possibilità di **sfruttare il 100% dei tuoi lead** e non soltanto la minoranza subito pronta all'acquisto.

"Il nemico del marketing è la vendita mordi e fuggi, dove l'obiettivo è quello di vendere a tutti i costi, invece di acquisire un cliente a lungo termine." (Philip Kotler)

Fatta questa divisione devi preparare un **piano editoriale**. Quindi la **sequenza di contenuti** che manderai alle due diverse categorie di *lead* che abbiamo precedentemente classificato (breve e lungo termine).

Prevedi **3 sequenze automatiche di invio di email** (*e-mail marketing automation* che puoi gestire tramite software dedicati). Ogni sequenza deve far partire un messaggio al giorno o al massimo a giorni alterni. Se utilizzi dei software più evoluti puoi impostare invii di messaggi differenti al verificarsi di diverse azioni (click di un link, visualizzazione parziale di un video ecc. strategia sicuramente ancora più efficace). Il contenuto va veicolato tramite e-mail (ora sta tornando nuovamente in auge l'invio di sms, che attualmente sconsiglio nel B2B) e può essere un semplice contenuto testuale, un video o un documento in pdf.

Queste le sequenze:

1. Sequenza di riconversione immediata (breve termine)
2. Sequenza di riattivazione (medio termine)
3. *Nurturing* di lungo periodo (lungo termine).

La **sequenza di riconversione immediata** deve essere inviata per cercare appunto di "ri-convertire" il *lead* che in prima battuta non è arrivato a obiettivo (non ti ha dato l'appuntamento o non ha effettuato l'acquisto).

In questo caso devi preparare del materiale dedicato che superi tutti quegli argomenti che sai possono rappresentare un freno per il tuo potenziale cliente. Pensa alle obiezioni che ti possono venir poste, quindi prepara un contenuto per ognuna, poi lavora con dei *case history* e delle testimonianze (il modo migliore per abbattere le barriere di diffidenza delle persone).
Questa sequenza dovrà durare al massimo una decina di giorni.

Se dopo tutto ciò non avrai riconvertito il *lead*, gli farai arrivare i contenuti della seconda sequenza, quella di riattivazione. Meglio però non farlo immediatamente e lasciar passare almeno due settimane. Questa sequenza di e-mail deve durare di più della precedente.

Questi sono alcuni contenuti da inserire nella sequenza:

1. **Definizione del tuo posizionamento:**

    o   Quali problemi risolvi

    o   Quali sono le caratteristiche che ti differenziano dagli altri, specificando eventualmente anche quello che tu non fai rispetto agli altri

2. **Storia, mission e vision della tua azienda:**

    o   Come è nata la tua azienda

    o   Eventuali problemi superati (questo rafforza il posizionamento aziendale e la relazione con il cliente). Ideali quei problemi che sai potrebbero ancora avere irrisolti i concorrenti

3. **Referenze clienti**:

    o   Storie di clienti soddisfatti

    o   Storie di clienti "particolari" (in questo modo puoi fare in modo di "squalificare" eventuali prospect non in target)

    Testimonianze:

    o   Puoi impostarle così, una non esclude l'altra. Puoi preparare una testimonianza sul posizionamento del tuo brand, sul prodotto, sul servizio ricevuto oppure sull'azienda. **L'importante è averle!**

    Prodotto/Servizio:

    o   Quali problemi risolve (se ne risolve più di uno, prepara per ognuno un singolo contenuto)

    o   A chi si rivolge, il target

    o   A chi non si rivolge e perché (rafforza il brand e serve per allontanare i fuori target)

    o   Prodotti "da incubo" (squalificare la concorrenza senza mai fare nomi e cognomi!)

    o   Domande frequenti sul prodotto e/o obiezioni

Se anche dopo questo step il *prospect* non diventa cliente, lo inserirai nella lista di *nurturing* di lungo periodo, che serve per **tenere costantemente informata l'audience della tua esistenza**.

Sono le cosiddette *e-mail broadcast*, inviate a tutto il database indistintamente. Sono mail che devono trattare le "storie" che vivi quotidianamente. Pensa sempre di raccontare qualche cosa che possa dare un vantaggio al tuo *prospect*. Prendi spunto dal tuo lavoro quotidiano e sicuramente avrai da raccontare un sacco di aneddoti. Se disponi di un blog (in caso contrario provvedi a crearne uno), puoi inviare i contenuti di ogni singolo post. Quest'ultimo è un *funnel* lunghissimo dentro al quale entra prima o poi qualsiasi persona si imbatta nei contenuti della tua impresa.

Tutti questi contenuti devono sempre fornire informazioni di **valore**. Non basta raccontare una storia, bisogna permettere al *prospect* di fruire di un consiglio, deve trarre **vantaggio immediato** da quello che gli stai scrivendo.

Questa procedura è quella che serve per nutrire i tuoi potenziali clienti. Oggi soprattutto un'impresa del B2B deve costantemente alimentare i propri contatti, altrimenti l'efficacia e lo sforzo fatto per la generazione dei lead viene in gran parte vanificato.

Riassumendo

1. Predisponi strategie di *lead generation* di breve e di lungo periodo

2. Applica una sequenza di riconversione immediata

3. Applica una sequenza di riattivazione

4. Predisponi un'azione di *nurturing* di lungo periodo

 OPINION LEADER

L'*opinion leader* è una persona che riesce a **influenzare** le scelte dei propri "follower".
È un soggetto molto **popolare** (anche solo in una specifica nicchia) ed è seguito da persone che lo identificano come l'**esperto** del settore.

Perché è importante conoscere **quali sono** gli *opinion leader* del proprio settore e valutare concretamente di instaurare delle sinergie con loro?

Vivendo nel mondo di internet e dei social network, gli utenti, prima di fare qualsiasi tipo di scelta, operano delle ricerche nel web.

In pratica si informano, osservano se altri utenti hanno già fatto un determinato acquisto, vanno alla ricerca di recensioni, si documentano in modo molto approfondito. In questo contesto, **accompagnare la propria immagine a un *opinion leader* aumenta notevolmente la credibilità della propria azienda**.

Si può così raggiungere il proprio target con un potere suggestivo amplificato (soprattutto quando offri un prodotto su larga scala).

Conoscere gli *opinion leader* del proprio settore in alcuni casi è veramente semplice, in altri meno, dipende dal business di riferimento. In questo sito www.buzzsumo.com è possibile vedere quali sono gli "influencer" di riferimento di tutti i settori.

Ci sono diversi livelli di coinvolgimento di un *opinion leader*, da quello più basico (è consapevole del nostro brand e in qualche circostanza ne fa riferimento) a quello più strutturato (tramite un vero e proprio accordo commerciale dichiarato, l'*opinion leade*r è il nostro "testimonial").

Tutto dipende da **cosa vuoi ottenere da un *influencer*:** desideri aumentare la credibilità e la fiducia del brand? Vuoi aumentare le vendite del tuo prodotto? In base all'**obiettivo**, puoi lavorare per raggiungere l'*opinion leader* di riferimento e concordare una partnership.

Bisogna però fare attenzione: non tutti gli *opinion leader* sono disponibili a certe collaborazioni commerciali. Quindi il consiglio è di studiare approfonditamente la persona di riferimento, vedere come comunica, cosa comunica, come agisce con eventuali competitor (ha altre collaborazioni?). Insomma, è necessario analizzare attentamente quello che fa per poi decidere se sia la persona giusta per il proprio progetto e quale strategia attuare per coinvolgerla.

Identificato l'opinion leader bisogna coinvolgerlo in un progetto che lui stesso ritenga **utile per la sua audience**.

Inoltre ritengo importante **lavorare per costruire un rapporto**. Non pensare subito a un beneficio in termini di vendite e nemmeno ai vantaggi economici che potresti ottenere. Cerca invece di avere un approccio inverso e fare questo ragionamento: cosa potrebbe "guadagnare" lui da noi?

Come potremmo essergli in qualche modo utili? Cerca di lavorare in questa direzione per **costruire una relazione** che possa poi portare anche a un eventuale accordo commerciale. Lavora sui contenuti, perché devi avere contenuti di valore da condividere con lui, che possano dare benefici a lui e alla sua platea di follower.

Quello che penso personalmente è che la differenza enorme in termini di benefici per un'impresa, è tra il pagare un *opinion leader* che oggi parla di te e domattina di qualcun altro (che dichiaratamente quindi vive anche di queste sponsorizzazioni), oppure cercare di costruire un rapporto che si sleghi da un accordo commerciale (almeno inizialmente) ma che si basi su un **obiettivo comune** sul quale costruire determinate sinergie. La seconda ipotesi è sicuramente la più forte in termini di benefici per il tuo brand, anche se ovviamente è la strada più lunga e complessa da percorrere.

Oggi la relazione con gli opinion leader, se parliamo soprattutto di una PMI del B2B, non è sicuramente tra le prime cose delle quali preoccuparsi. È però importante sapere che nel mondo dei social network e di Instagram il canale degli *influencer* è uno di quelli da poter percorrere per l'aumento della visibilità e quindi delle vendite.

Riassumendo

1. Scopri se ci sono personaggi che influenzano il tuo mercato

2. Valuta quali sono i loro metodi e interessi

3. Considera quali benefici potresti ottenere

4. Valuta quale genere di relazione intrattenere

5. Se ci sono i presupposti, crea la collaborazione

P POSIZIONAMENTO

Il posizionamento nel marketing è un concetto **nato negli anni '70**.
Per posizionamento si intende lo spazio che un'azienda (o un prodotto) occupa nella mente delle persone.
È quell'insieme di idee che i potenziali clienti associano a un'azienda, andando a creare nella loro mente dei valori che ricollegano esclusivamente a un determinato brand.

"La questione fondamentale nel marketing è creare una categoria in cui essere primi" (Al Ries)

Se andiamo a scomodare i guru del posizionamento, quindi i vari Jack Trout o Al Ries, e leggiamo i loro materiali, potremmo correre il rischio, se non siamo avvezzi a certi concetti, di pensare che il posizionamento non sia una tematica di particolare rilevanza per una PMI del B2B. In realtà non è assolutamente così. In questo breve capitolo – potremmo stare a parlarne per mesi - cercherò di semplificare al massimo il concetto di posizionamento e di dare quelle **poche regole ma fondamentali alle quali anche una piccola o media impresa che opera in un mercato business to business non può sottrarsi**.

Innanzitutto un'azienda deve pensare a un posizionamento aziendale che sia **differenziante**. Nei capitoli precedenti questo tema è già emerso più volte.

"Adattarsi e mescolarsi agli altri è un fallimento: non spiccare fra la folla equivale a essere invisibili" (Seth Godin)

Ogni azienda italiana dovrebbe pensare a un prodotto (o servizio) che sia realmente diverso da quelli presenti attualmente sul mercato. Per fare questo bisogna identificare bene una categoria e studiare i competitor perché è anche grazie a questo studio che è possibile creare qualcosa di realmente diverso. Il potenziale cliente che si approccia al tuo prodotto deve subito rendersi conto che è di fronte a una realtà diversa. Ovviamente è importante avere dei reali valori differenzianti e soprattutto comunicarli e farli capire correttamente. A tal proposito è determinante, come già visto, la focalizzazione.

Una volta individuata l'idea differenziante, devi lavorare affinché il tuo brand, la tua impresa, sia **identificata con questa idea**. Quindi tutti i tuoi strumenti di comunicazione, tutti i contenuti che andrai a produrre e tutte le relazioni che andrai a instaurare, dovranno vivere per quel posizionamento. Ogni azione di marketing che implementerai dovrà partire sempre da quell'idea differenziante.

Lavora ricordandoti che devi differenziarti dalla massa, devi quindi avere un'**offerta che sia straordinaria, punta sull'innovazione** (il concetto di mucca viola di Seth Godin è tuttora attuale).

Per diventare un leader indiscusso dovresti cercare di posizionarti in una nuova categoria (come ha fatto la Apple di Steve Jobs con l'iPhone).

Ora già mi immagino quello che starai pensando: "Si ok, ma io l'impresa e l'attività ce l'ho già da 30 anni. Non sono una *start up*, che categoria vado a creare? Io devo incrementare il business della mia attuale azienda, cosa devo fare?"

Lavora però in questo modo: **analizza il tuo mercato e soprattutto i tuoi competitor**, vedi se lasciano spazio a qualche **elemento nel quale tu possa inserirti** e lavora al massimo su quello.

Che soluzione la concorrenza non offre?

C'è qualcosa al quale gli altri non hanno ancora pensato? Hai la possibilità di far vivere un'esperienza diversa al tuo cliente? Spesso la soluzione la si trova integrando al proprio prodotto una serie di servizi a corredo che rendono quindi la tua soluzione unica. Trova questo sistema, dagli un nome, registralo e crea il tuo prodotto originale e diverso.
Successivamente crea una **frase** che in modo chiaro, semplice, inequivocabile e memorabile faccia capire l'essenza della tua azienda (per Geox per esempio è "la scarpa che respira").

Arrivato a questo punto devi lavorare sulla tua comunicazione. Devi quindi creare un'immagine (tecnicamente chiamata *visual hammer*) che visivamente identifichi la tua impresa.

Ecco un esempio.
Sì, è proprio Geox. Questa è una delle imprese italiane che ha lavorato in modo impeccabile sul proprio posizionamento.

Lo so che tu non produci scarpe per la signora Maria ma realizzi bulloni per l'impresa siderurgica, ma il concetto non cambia!

Devi poi procedere nel creare una **reputazione positiva**. Ci sono vari strumenti per farlo, devi sicuramente sfruttare i social network, quindi devi creare la tua comunità di follower (sì, anche se vendi bulloni!) e lavorare con contenuti che ti permettano di essere identificato come riferimento di settore. Il tuo brand deve avere degli elementi distintivi forti che trovino riscontro nel tuo target. Per ottenere e rafforzare la tua reputazione devi assicurarti visibilità sui media di settore, in questo modo aumenterà subito la tua credibilità.

Anche in questo caso l'esercizio utile da fare è il seguente: digita su Google il nome della tua impresa, se non vedi alcun articolo che parla di te e della tua azienda significa che devi lavorare molto su questo aspetto. Sai già che le persone prima di affidarsi a qualsiasi impresa vanno on line e si socumentano. E anche i decision maker di imprese B2B fanno la stessa cosa, prima di sceglierti come fornitore, ti cercano su Google.
Sai cosa succede se non trovano nulla che parli di te? Saranno fortemente disincentivati nel sceglierti.

Come fare per ottenere questa visibilità? Devi innanzitutto avere delle notizie da divulgare, successivamente, come step iniziale, devi produrre dei comunicati stampa da veicolare ai media specializzati. Come visto nel capitolo iniziale del libro.

Tutto questo processo serve per creare delle solide basi al tuo business.

Quanto tempo serve per ottenere dei benefici? Molti anni, una previsione non è fattibile. Ricordati però, che **questo tipo di attività va prima costruita ma poi mantenuta nel tempo** con azioni di marketing e comunicazione costanti.

Riassumendo:

1. Cerca la tua idea differenziante

2. Fai un'analisi dei competitor

3. Crea una frase e un'immagine che siano identificativi

4. Lavora sulla tua reputazione online

Q QUALITÀ

Qualsiasi sia la tua offerta, non puoi prescindere dalla **qualità e dall'eccellenza** del tuo prodotto o servizio.

È vero che un marketing forte è in grado di vendere anche prodotti mediocri, ma alla lunga, se manca la qualità, le vendite tenderanno a diminuire, qualunque sia il tuo impegno nel marketing. Questa regola vale soprattutto per una PMI italiana. Lo specifico perché ci sono imprese che stanno facendo grandi numeri nonostante non vendano un prodotto di grande qualità, mi riferisco per esempio agli hamburger di Mc Donald's o delle pizze di Pizza Hut, ma queste sono multinazionali americane che hanno logiche di business differenti, tu non sei come loro, sei una **piccola impresa che deve avere certamente un marketing forte ma deve offrire anche un prodotto eccellente. Che superi le aspettative del cliente.**

"Vendi un vantaggio, non la tua azienda o il tuo prodotto: le persone acquistano risultati." (Jay Abraham)

Non cadere nel tranello di pensare che basta il marketing per vendere qualsiasi cosa perché non è sempre così. Il marketing può dare una grossa mano ma l'output deve sempre risolvere il problema del cliente, se questo non accade ci saranno, prima o poi, dei problemi che dovrai affrontare perché non riuscirai a crescere come vorresti.

La qualità non è però un elemento che puoi spendere nel new business, infatti è riscontrabile solo dopo aver acquistato il tuo prodotto o servizio (oltre che essere spesso soggettiva), quindi se devi lavorare ad una strategia per il new business ricorda che l'elemento qualità **non è spendibile**. In questo capitolo però voglio andare oltre, voglio far riferimento alla qualità che deve essere data ad un cliente che ha già comprato da noi.

Fatta questa premessa, vado ora a fotografare lo scenario che spesso riscontro nelle aziende clienti della mia agenzia. Gli imprenditori italiani commettono l'errore di voler a tutti i costi generare nuove opportunità di business cercando di acquisire sempre nuovi clienti.

Lo sviluppo del fatturato può avvenire sia acquisendo nuovi clienti sia **aumentando il numero di vendite ai clienti già acquisiti** (o aumentando il ticket medio di ogni singolo ordine, aspetto che vedremo successivamente), operazione molto più semplice visto che statisticamente la vendita a un nuovo cliente è 7 volte più complessa rispetto alla vendita a un cliente già servito.

E il modo migliore per continuare a vendere è "spremere" fatturato dal proprio portafoglio clienti offrendo un prodotto o servizio di qualità, che soddisfi, o meglio ancora superi, le aspettative iniziali.

Oggi acquisire clienti è difficile ma **mantenerli lo è ancora di più**. Se l'output non è di qualità, il cliente non ci penserà due volte a rivolgersi a un altro fornitore o a trovare un'altra soluzione per risolvere il suo problema.

Ecco perché ogni imprenditore dovrebbe avere perfettamente chiaro che spingere con il marketing è uno *step* successivo al **perfezionamento della propria produzione**. La qualità deve essere un *must* e l'**esperienza d'acquisto del cliente** deve essere indimenticabile in senso positivo. Anche perché un cliente insoddisfatto non rappresenta soltanto del fatturato perso: un cliente insoddisfatto potrebbe **recensire negativamente** la tua impresa nel web o addirittura sui tuoi profili social.

Ecco quindi perché la qualità del prodotto o servizio offerto devono essere una delle prime cose sulle quali ogni imprenditore dovrebbe focalizzarsi.

I 5 pilastri aziendali sono:

- Il prodotto/servizio;
- Le risorse umane;
- Il marketing;
- La ricerca e sviluppo;
- La finanza.

Nessuno di questi pilastri può essere sottovalutato altrimenti l'azienda non avrà le basi solide e prima o poi crollerà.

Lavoro ogni anno con molte imprese e mi rendo conto come sia inutile generare nuove opportunità di fatturato quando la gestione del cliente è deficitaria. **Il mercato chiede un'iperprestazione, non sono ammesse sufficienze**, bisogna andare oltre e alzare sempre di più l'asticella.

Troppe sono le aziende che si preoccupano solo di acquisire nuovi clienti tralasciando completamente ad esempio la parte successiva, quella post vendita. Si tratta di una fase importante tanto quanto quella di approccio del cliente, perché fa parte sia del pilastro prodotto/servizio sia del pilastro marketing.
Tralasciare il servizio post vendita è come tradire il proprio cliente nell'attimo subito successivo ad aver conquistato la sua fiducia.

Quindi, prima di pensare al marketing e al new business, **lavora nell'eccellenza del tuo output** e solo dopo metti il piede sull'acceleratore per acquisire nuovi clienti. Con questo non voglio dire di non fare attività commerciale, sto semplicemente dicendo che prima di dare gas al marketing, devi perfezionare il tuo prodotto (o servizio) il più possibile.

Riassumendo:

1. Le aziende non possono prescindere dalla qualità del prodotto/servizio

2. Il marketing non può sostituire la qualità

3. Considera sempre i 4 pilastri dell'azienda se non vuoi che l'edificio crolli

4. Lavora sull'eccellenza del tuo output

 RETE VENDITA

Sei soddisfatto della tua rete vendita? La tua forza commerciale raggiunge i target previsti?

Lavoro ogni anno con decine e decine di reti vendita e ti posso assicurare che nella maggioranza dei casi **i margini di miglioramento sono enormi**.

Che la tua rete sia composta da 2 persone o da 20, ci sono dei denominatori comuni che devono essere presi sempre in considerazione. Troppo spesso lavoro con aziende che non hanno una rete vendita organizzata e non possiedono minimamente il controllo dell'attività svolta.

Se ti chiedessi di dirmi in questo momento se oggi uno dei tuoi venditori ha fatto qualche visita, qualche contatto oppure ti chiedessi di dirmi quanti ordini (fatturato) prevedi porterà a casa questo mese, sapresti rispondermi? Se hai una **forza vendita ben organizzata** e sei dotato dei giusti **strumenti informatici** probabilmente sì. Altrimenti a queste domande è probabile che tu non sappia rispondere se non interpellando il venditore di turno. Sappi che se non hai il pieno controllo dei tuoi venditori, sei come un "marinaio senza bussola".

In questo capitolo ti spiegherò quello che devi fare per non avere una forza commerciale anarchica e quindi come puoi, grazie al controllo, prevedere le vendite della tua azienda.

Anche se nell'ultimo periodo il trend sta leggermente cambiando in meglio, non so se ci hai fatto caso: **in Italia, fare il venditore non è visto come un vero e proprio mestiere**. La vendita non è ritenuta una professione. Chissà perché chi si occupa di vendita è, nell'immaginario collettivo, etichettato come uno che non avendo avuto voglia di applicarsi negli studi da giovane, ha

dovuto ripiegare su questa attività per poter campare.
Ovviamente non è così. Il venditore è come l'attaccante di una squadra di calcio, è il finalizzatore di un processo e ha un ruolo determinante.

Quello che è basilare, come per qualsiasi altro ruolo, è la **selezione della risorsa giusta** sulla quale costruire un percorso di crescita costante tramite la formazione.

Troppo spesso c'è poca attenzione nella selezione di questa tipologia di risorsa, si tende a prendere una persona senza avere verificato le competenze per svolgere questa mansione (non sto facendo riferimento a competenze sul prodotto che dovrà poi vendere ma alle caratteristiche personali) e senza aver organizzato un preciso piano di formazione. Anche nella vendita le cose cambiano, servono quindi costanti aggiornamenti per far crescere le proprie risorse.

"La difficoltà non sta nel credere nelle nuove idee, ma nel fuggire dalle vecchie." (John Maynard Keynes)

Dato quindi per assodato che la risorsa deve essere adatta a svolgere il ruolo di venditore, quello che un'azienda deve fare per riuscire ad avere una rete vendita performante è **dotarsi di un sistema di marketing** che metta nelle migliori condizioni il venditore di turno a finalizzare l'ordine. Dico venditore di turno perché **l'azienda deve avere un modello marketing / vendite che funzioni a prescindere dagli uomini**.

Le tue vendite e quindi lo sviluppo della tua impresa non possono dipendere esclusivamente dalla capacità (o incapacità) delle persone. L'esempio che ti faccio è ancora quello del calcio. Devi avere una squadra che metta l'attaccante il maggior numero di volte possibile nella condizione di fare goal.
Devi cercare di mettergli la palla sotto porta, in modo tale che sia veramente agevole il suo lavoro di *goleador*. Non puoi dipendere dal fenomeno di turno perché, se fosse così, significherebbe che

non hai il controllo e la possibilità di pianificare la crescita della tua azienda. Il campionato non si vince con un solo giocatore, ma grazie al lavoro di squadra e nelle aziende la squadra è composta dal reparto marketing assieme alle vendite.

Il tuo imbuto (o *funnel*) deve partire da una serie di attività di marketing che generano le opportunità che il reparto vendite finalizza. È **il marketing a determinare le vendite** tramite azioni precise da svolgere in una sequenza strategica.
Solo dopo aver svolto questa attività entra in gioco la rete vendita che dovrà prendere in carico l'opportunità di chiudere la fornitura.

I venditori devono essere formati in modo tale da applicare una **procedura standardizzata**. È la direzione commerciale a dettare le regole, non il singolo venditore. Chi è incaricato alla parte *sales* deve svolgere diligentemente delle azioni, porre determinate domande, utilizzare precisi strumenti di comunicazione (video, presentazioni ecc.) messi a disposizione dalla direzione vendite.

La creatività e l'improvvisazione in questo contesto sono vietate. Devi invece dotarti di una **procedura commerciale scritta** che rappresenti la Bibbia del tuo venditore.
Una procedura commerciale deve esplicitare come l'uomo di vendita deve comportarsi al primo appuntamento. Cosa deve verificare, quali domande porre, la risposta da fornire alle obiezioni, come lasciarsi con l'azienda incontrata, come aggiornare il CRM. Questo documento deve servire anche per la formazione dei nuovi uomini di vendita. È un documento che messo nelle mani di una nuova risorsa deve metterla nelle condizioni di poter fare degli appuntamenti e raccogliere gli ordini.

La direzione marketing / commerciale deve condividere con la forza vendita i **dettagli dell'intero processo commerciale**, quindi definire le singole fasi, la loro durata con i relativi obiettivi, le azioni da svolgere e con quali strumenti e infine le metriche da analizzare. Il tutto deve essere schematizzato per una lettura veloce dell'intero processo.

Il consiglio è di dividere il flusso nelle seguenti macro-fasi:

- Generazione del *lead* (intercettazione del target, primi segnali di interesse).
- Gestione del *lead* (educazione del contatto, indottrinamento fino alla consapevolezza del bisogno).
- Analisi del bisogno (quindi primi incontri fisici con il *prospect*).
- Coinvolgimento del *decisioni maker* (portare il referente a sentire necessità nei confronti dell'offerta).
- Valutazione della proposta (presentazione quindi dell'offerta).
- Revisioni eventuali della proposta/offerta.
- Chiusura trattativa (conferma d'ordine).

Per tutte queste fasi non si può prescindere dall'utilizzo di un CRM. Avere uno strumento che ti permetta di tracciare tutte le informazioni, che ti aiuti nell'operatività quotidiana e che ti supporti nella parte più importante di analisi delle statistiche è assolutamente indispensabile. Così come assicurarsi che la rete lo compili correttamente e con costanza.
Senza uno strumento di questo tipo sarà molto difficile avere il pieno controllo del processo marketing/commerciale, soprattutto in tempo reale!

Riassumendo:

1. Definisci il tuo sistema marketing/vendite

2. Seleziona e forma i tuoi venditori

3. Crea una procedura commerciale e falla seguire

4. Definisci i dettagli del processo commerciale

5. Assicurati che i commerciali utilizzino il CRM

 # SOCIAL NETWORK

Se ne sente parlare ogni giorno, forse anche troppo. La nostra vita **è ormai legata a doppio filo con i social** e, diciamolo pure, proprio a causa loro siamo sempre più incollati sul nostro *smartphone*.

Anche tu avrai sicuramente almeno un account su un social network, e posso anche immaginare quale sia... Facebook. Ho indovinato?

In Italia su 60,6 milioni di abitanti, più di 30 milioni (dato che cresce ogni anno) sono utenti attivi sui social e di questi, circa 25 milioni sono attivi tramite mobile.

Lo so, sono numeri impressionanti e basterebbero questi per far capire l'importanza dei social anche nel business di un'azienda. Nel mondo i social network sono centinaia e ogni anno ne nascono e ne muoiono moltissimi.

Oggi un'azienda ha due possibilità: comunicare o non comunicare al proprio mercato. Essendo la scelta abbastanza ovvia, l'azienda che decide di comunicare deve farlo tramite i social media perché le persone, ma anche le aziende, si trovano lì.

"Il contenuto è il fuoco, i social media la benzina." (Jay Baer)

Dato per assodato che per esistere un'azienda deve quindi comunicare (tanto e con argomenti di qualità), quali sono però i vantaggi concreti che un'azienda potrebbe ottenere da questo mondo?

Sono molti, io **ho individuati i 3 principali**:
1. Mantenere il rapporto con il proprio target è strategia dei

contenuti e massima interazione;
2. Ottenere nuove opportunità di business è attività di *lead generation* tramite le piattaforme di advertising offerte dai social;
3. Diventare punto di riferimento nel proprio settore è produzione costante di contenuti.

Mettiamolo quindi subito in chiaro, oggi **un'azienda non può prescindere dai social network**. Vanno però individuati quelli più in target per il proprio business per lavorare esclusivamente su quelli. Sarebbe scorretto pensare di presenziare tutti i social sia per una questione di tempo ma soprattutto da un punto di vista strategico. Quello che infatti dico agli imprenditori è: **meglio essere presente su un social in modo impeccabile, che su molti ma approssimativamente**. Analizza quale è il social nel quale si trova il tuo target e organizzati per lavorare bene su quello.

Poi va anche detto che ci sono alcuni social network talmente popolari che esserci è quasi d'obbligo, ma stiamo parlando di uno o due social, non decine. Quindi tu come azienda focalizzati sul canale maggiormente utilizzato dalla tua audience.

Quali sono oggi i social network più popolari al mondo?
Il primo è sempre lui: **Facebook** con 2 miliardi di utenti attivi al mondo. Te lo ripeto nel caso non fosse chiaro, 2 miliardi! Si scrive così 2.000.000.000, quindi con 9 zeri. Qui in mezzo c'è anche il tuo target. Puoi essere inerito nella nicchia più nicchia che ci sia, ma 2 miliardi è quasi 1/3 degli abitanti del pianeta, sai quante nicchie ci stanno dentro?

Non puoi prescindere da questo social, qualsiasi sia il tuo business.
È quello che attualmente (magari tra qualche mese i giochi cambieranno) ti permette di raggiungere il tuo target con un budget veramente contenuto. (trend che nel tempo cambierà, quindi sfrutta questo momento dove i budget sono ancora

abbordabili). Facebook ha la possibilità di targetizzare in modo molto accurato, cosa che nessun altro social ti permette di fare e con pochi click e in pochi minuti, hai la possibilità di sponsorizzare il tuo contenuto e farlo vedere a centinaia, migliaia o milioni di persone (dipende da budget e target).
Dopo il social di Mr. Zuckerberg, c'è Facebook Messenger, app con un altro miliardo di utenti.
Quindi te lo ripeto ancora, Facebook, Facebook e ancora Facebook!
Dopo Facebook troviamo Whatsapp (di proprietà sempre di Facebook) con 1 miliardo di utenti che è un ottimo strumento di messaggistica istantanea.
Poi a ruota ce ne sono centinaia di altri, da quelli diffusi solo in Cina a Twitter che sicuramente avrai sentito nominare o Snapchat, LinkedIn e molti altri ancora.
Da tenere d'occhio anche **Instagram**, sempre di proprietà Facebook, che ultimamente sta crescendo moltissimo, anche con la parte video e il lancio di Instagram TV (IGTV).

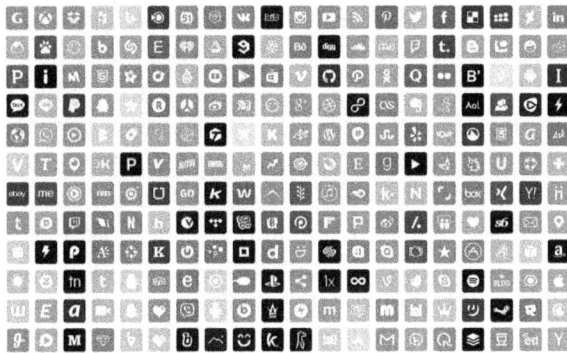

Per raggiungere i 3 obiettivi che ti ho citato precedentemente ti consiglio di utilizzare Facebook e LinkedIn. Se operi prevalentemente nel mercato nazionale e ti rivolgi a un target business, questi sono i due social dai quali, dal mio punto di vista, non puoi assolutamente prescindere.
Siccome il mondo dei social media è veramente molto dinamico,

i giochi potrebbero anche cambiare negli anni, potrebbe uscire un nuovo social oppure uno di quelli attuali cambiare radicalmente. Ciò che però è certo è che un'azienda, per fare business, deve assolutamente essere presente come parte attiva in questi canali.

Ora che spero di aver chiarito perché scegliere Facebook, visti i suoi numeri enormi, andiamo ad analizzare **LinkedIn. È il business social network numero uno**. Con più di 500 milioni di iscritti nel mondo e più di 10 milioni di aziende registrate in Italia, è uno strumento del quale un professionista non può fare a meno. Se hai a che fare con gli imprenditori, prova a cercare qualche profilo su LinkedIn e vedrai quanti ne riesci a trovare: moltissimi. Su LinkedIn è più facile intercettare il professionista rispetto a Facebook. Ed è sempre sul social di Microsoft che lo stesso professionista è più orientato a creare la relazione, cosa che su Facebook viene meno perché si prediligono una presenza e un impiego solitamente meno professionali.

LinkedIn è interessante perché ti permette di entrare in contatto con persone che altrimenti non saresti mai riuscito a contattare. È un canale preferenziale per arrivare a referenti che non saresti riuscito ad approcciare con altri canali. Attualmente è in una fase di cambiamento, ha sicuramente grandi potenzialità ancora inespresse ma è da tenere d'occhio e utilizzare costantemente. Tra i vari aspetti utili di questo social, compare anche la possibilità di **scaricare gli indirizzi e-mail** degli utenti con i quali sei in contatto. Niente male!

Per un approfondimento su Linkedin, ecco il link alle slide di un intervento che ho tenuto all'Università degli Studi di Trieste: https://www.slideshare.net/ippogrifogroup/linkedin-digital-classroom-nevio-zucca.

Quello che ho riscontrato nella mia esperienza con le campagne B2B **è che questi due social per un'azienda non** devono mancare quasi mai. Sono gli unici? Assolutamente no. Sono i più efficaci? Dalla mia esperienza sì. Cosa devi fare per capire se fanno al caso tuo? Verifica in prima persona.

La cosa migliore da fare, come sempre, è uno studio a monte che ti permetta di capire, in base al tuo target e a quello che offri, quale social si possa sposare meglio alla tua causa. Io e il team dell'agenzia facciamo sempre questa analisi iniziale e questi due sono i social network che più frequentemente scelgo per i nostri clienti.

Per usare i social network, a meno che tu non voglia sfruttarli solo per la *lead generation* (ma in questo caso non sfrutteresti appieno le loro potenzialità), **devi partire dal contenuto**. Ne abbiamo parlato in un capitolo precedente del libro. Senza contenuto non hai motivo di esistere sui social media. Quindi devi partire da una serrata **produzione di testi, post, iniziative e video indirizzata alla tua audience**.

N.B. L'audience deve crescere quotidianamente. Devi avere un pubblico in costante aumento altrimenti a chi mostri i contenuti che realizzi? Crearlo è molto semplice, devi avere un budget da dedicare al relativo social per dare visibilità al profilo aziendale. Questo ti porterà ad avere un numero sempre maggiore di persone che seguono la tua impresa e i contenuti che vai a produrre. Anche i contenuti stessi devono essere sponsorizzati. Tutti i social ti offrono questa possibilità ed è anche dalla sponsorizzazione del contenuto che aumenta la tua audience, che a ruota inizierà a seguirti.
Non pensare nemmeno per un secondo di entrare nel mondo dei social a budget zero. Oltre a non ottenere risultati, rischieresti di ottenere l'effetto contrario. Un'azienda che non è seguita da nessuno, che effetto può fare agli occhi di un potenziale cliente?

Niente budget? Niente social network.

Ora però voglio fare alcune precisazioni. **Innanzitutto ricorda che la comunicazione utilizzata nei social cambia da**

uno all'altro. In alcuni casi sei obbligato nella tipologia di comunicazione (Twitter per esempio ti limita i caratteri) ma, a prescindere da questi vincoli, lo stile e gli argomenti non sono gli stessi. **Quello che scrivi su Facebook non sempre può andare bene per una comunicazione su LinkedIn.**
È un po' come l'abbigliamento. Se vai ad una cena di gala ti vesti in un modo, se vai a fare jogging in un altro. La stessa logica vale sui social.
Attenzione! Non commettere l'errore di comunicare solo ed esclusivamente dei tuoi prodotti: **quando scrivi prova a farlo senza pensare alla vendita**.

Continuo a vedere aziende che postano unicamente offerte. L'utente non vuole vedere questo tipo di contenuto, vuole seguirti perché hai tematiche di valore da diffondere e non gli sconti da supermercato! Devi quindi implementare una strategia strutturata di produzione di contenuti.
Grande attenzione poi allo stile comunicativo. Gli utenti sui social si aspettano una comunicazione di qualità con informazioni di valore e uno **stile di comunicazione spontaneo, genuino, semplice e diretto**. Anche se operi in un settore molto tecnico, puoi utilizzare dei tecnicismi che fanno capire che sei una persona autorevole, senza però esagerare. Per farti capire cosa intendo ti faccio questo esempio: immagina di parlare a una persona a te cara del tuo lavoro, qualche terminologia tecnica la utilizzerai sicuramente ma poi lo stile sarà semplice e chiaro. Questo è lo stile comunicativo che gli utenti sui social si aspettano di leggere.
E non aver paura di usare le emoticons.

Ovviamente in base a quello che è il contesto della tua azienda, a chi sono i tuoi interlocutori, dovrai sempre utilizzare un registro che sia consono al contesto. La tua azienda ha un posizionamento e deve mantenerlo anche nella comunicazione sui social, ma non bisogna dimenticarsi che dietro al pc o allo smartphone trovi una persona che si aspetta una comunicazione autentica.

La frequenza di pubblicazione dei contenuti sui social è importante. In altre parole, la quantità conta. Considera che ogni persona vede nel proprio feed centinaia di informazioni, quindi il tuo contenuto deve essere di valore ma anche frequente. Devi avere continuità. Pubblica contenuti ogni giorno senza avere paura di essere ridondante. L'importante è che le informazioni siano utili e interessanti, se poi i concetti sono spesso gli stessi non devi farti problemi.

Per ottenere dei risultati servono soprattutto queste due cose: **quantità di post e quantità di tempo**. E la qualità? Certamente che serve, è però un concetto scontato. È come pensare di fare una maratona senza scarpe: usare le scarpe è la normalità, è l'allenamento a fare la differenza. Nei social network devi scrivere una **quantità di contenuti** importante, se pensi di ottenere dei riscontri scrivendo una volta ogni a tanto a tempo perso stai commettendo un grave errore. E per vedere i primi riscontri? Nel nostro caso per esempio, i primi riscontri dal blog www.marketingevenditeb2b.it sono arrivati dopo un anno circa. Sto parlando di riscontri, non di fatturato. Perciò faccio riferimento a persone che hanno iniziato a dare feedback positivi sui contenuti e a condividerli.

Vediamo qualche dato interessante: ogni minuto (ogni 60 secondi soltanto!), solo su YouTube vengono caricate circa 80 ore di video, sono postati 300 mila tweet sul social che cinguetta, vengono caricati più di 100 mila video su Snapchat, più di 300 mila aggiornamenti di stato su Facebook, ecc. Il tutto in soli 60 secondi. Ora, a fronte di tutti questi contenuti bisogna avere una **produzione che sia di qualità e profondamente diversa da quella degli altri** per poter essere presi in considerazione (il concetto di differenziazione lo abbiamo visto nel capitolo precedente). Diventa fondamentale **targetizzare** bene il proprio contenuto affinché arrivi solo a chi rappresenta la mia audience, ma ogni persona è comunque sottoposta a un quantitativo enorme di stimoli ogni secondo. Questo significa che i tuoi contenuti devono essere quelli che il tuo target vede maggiormente, se pensi che basti "poco e fatto bene" per essere ricordato non otterrai nessun riscontro. Guarda Marco Montemagno: pubblica almeno un video al giorno ed è questa la sua forza, se producesse molti contenuti in meno non avrebbe lo stesso successo.

E ti faccio notare che nel caso tu stia pensando che un nuovo contenuto al giorno sia tanto, ci sono testate giornaliste negli Stati Uniti che producono **centinaia di nuovi contenuti al giorno**!

Questo trend è in assoluta ascesa, quindi stiamo parlando di un vero e proprio oceano di informazioni all'interno del quale, identificata la tua nicchia, devi andare ad agire con un importante numero di contenuti da produrre nel tempo. Se decidi di comunicare (cosa buona e giusta) e di iniziare a produrre contenuti da postare sui social, devi sapere che la quantità è quella che fa la differenza. Sarebbe un'illusione pensare che sia solo la qualità l'ingrediente necessario, purtroppo (o per fortuna) siamo invasi anche da contenuti di profilo veramente basso, quindi un utente ti seguirà solo se avrai qualcosa di utile da dirgli. Ma dovrai farlo **costantemente, ogni giorno e per lungo tempo**.

Perciò dovrai essere un **martello pneumatico, intensità e durata**. Tante martellate per tanto tempo. La quantità è quella che alla lunga fa la differenza, in qualsiasi contesto.

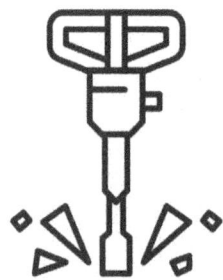

Diffida da chi ti dice che è sufficiente fare poco e bene per raggiungere degli obiettivi. Bisogna invece fare molto, dedicare del tempo che deve essere pianificato nella tua giornata lavorativa.

Per ottenere risultati sui social (fa eccezione la *lead generation* perché in questo caso potresti attivare una campagna e un secondo dopo ricevere dei *lead*) **devi quindi avere pazienza, serve una visione di lungo periodo** soprattutto se parti da zero e non hai ancora una audience significativa.
Bisogna avere anche del budget da investire. Quanto? Dipende dal social. Quello che è certo è che i social network non sono gratuiti se vogliamo utilizzarli professionalmente. La nostra agenzia spende da 1 a 3 euro per avere un iscritto al blog (tramite Facebook), per avere 30.000 iscritti (numero che ci permette di avere una massa critica sufficiente per fare altre azioni di marketing) dobbiamo investire dai 30 ai 90 mila euro.

Chiaro il concetto?

Tengo a ricordarti che le campagne social necessitano di professionalità. Se vuoi ottenere risultati affidati a dei professionisti che si occupino dei tuoi profili **quotidianamente**. I test, le ottimizzazioni, le modifiche da fare a ogni campagna sono veramente molte. Devi anche sapere che mentre tu stai leggendo questo libro, ci sono centinaia di persone che in California nella sede di Facebook lavorano per aggiornare il suo algoritmo e altrettanto avviene presso LinkedIn. L'aggiornamento quindi diventa fondamentale.

Questo per farti capire che stare al passo **è già complesso per chi vive** ogni giorno di campagne sponsorizzate sui social, figuriamoci per chi come te di mestiere fa dell'altro (immagino infatti che tu sia un imprenditore o un addetto al marketing/commerciale, non un esperto di social media).

Ricordati di **produrre contenuti che siano unici, devi essere**

focalizzato e non comunicare in modo generico.

Prima di produrre un contenuto pensa sempre che lo realizzi per la tua community nei social, concentrati su di essa e chiediti se quello che stai postando è realmente utile.

Non dimenticarti che il contenuto che ha successo su Facebook potrebbe non ottenerlo su LinkedIn o un altro social network, quindi analizza sempre le statistiche.

Se posso darti un consiglio sulla tipologia di contenuto da pubblicare (qui lo so che i punti di vista di altri marketer sono differenti ma questo è quello che io riscontro sempre più frequentemente – statistiche alla mano), **utilizza le immagini perché sono più efficaci rispetto a dei semplici testi**, soprattutto su Facebook e LinkedIn. **Meglio ancora se posti dei video**, ancora più efficaci delle immagini.

Nel mondo dei social devi abituarti al cambiamento. Quello che funziona oggi potrebbe non funzionare domani, le logiche di Facebook di quest'anno potrebbero cambiare anche completamente il prossimo. **Devi quindi allenare la tua capacità di adattamento**.

Il consiglio finale che posso darti è questo: se non sei pronto a fare tutto quello che ti ho scritto in questo capitolo (e ti assicuro che sono le basi, ci sarebbe ancora molto da dire), non iniziare nemmeno!

Se vuoi qualche altro suggerimento su Facebook e LinkedIn, puoi accedere a questo video. È un intervento che ho fatto proprio su questi due social network qualche tempo fa.
https://www.youtube.com/watch?v=r33Kv6xQ060

"È più facile amare un Brand quando anche il Brand ti ricambia."
(Seth Godin)

Riassumendo:

1. Il social più importante oggi in Italia è Facebook

2. Il secondo più rilevante nel B2B è LinkedIn

3. Inizia col creare la community

4. I contenuti come sempre devono essere mirati e interessanti

5. Bisogna prevedere un budget per la sponsorizzazione

6. La costanza è imprescindibile

T TARGET

La conoscenza del proprio target è fondamentale.
Ogni impresa deve sapere tutto del proprio mercato di riferimento, sia in termini **quantitativi** che **qualitativi**.

Se il mercato nel quale si opera è l'Italia, ci sono 5 milioni di imprese, tutte identificabili, tutte contraddistinte da uno o più codici Ateco.
È possibile quindi fare un'attenta segmentazione individuando anche parametri specifici come numero di dipendenti e fatturato, visto che circa ¼ delle aziende sono società di capitali con obbligo di deposito del bilancio.

Ci sono **banche dati** disponibili che offrono ad ogni azienda l'opportunità di andare molto in profondità sul proprio target.

Per sviluppare il proprio business bisogna quindi **conoscere perfettamente il proprio target**.

L'esercizio da fare è dunque porsi le seguenti domande:

- Dove sono distribuiti i miei potenziali clienti?
- Chi sono?
- Quanto fatturano?
- Come stanno andando da un punto di vista degli utili?
- Ecc.

Oggi ci sono strumenti che offrono la possibilità di fare una fotografia completa e dettagliata del proprio mercato in modo da poter pianificare la più efficace strategia di comunicazione.

"Per fare breccia nei confronti della maggioranza occorre puntare a raggiungere non il vasto mercato, bensì una nicchia." (Seth Godin)

Ecco alcuni esempi di informazioni segmentabili:

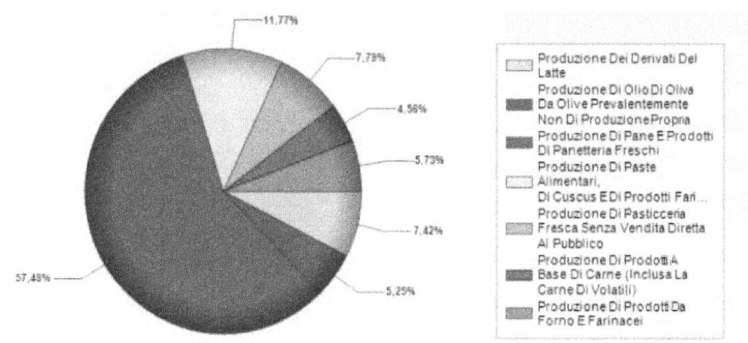

Cribis.com

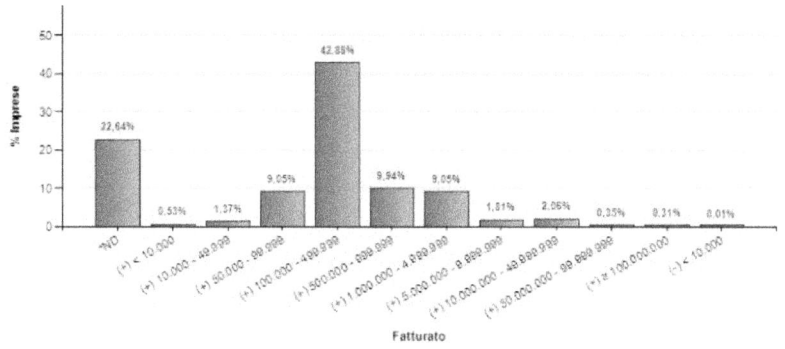

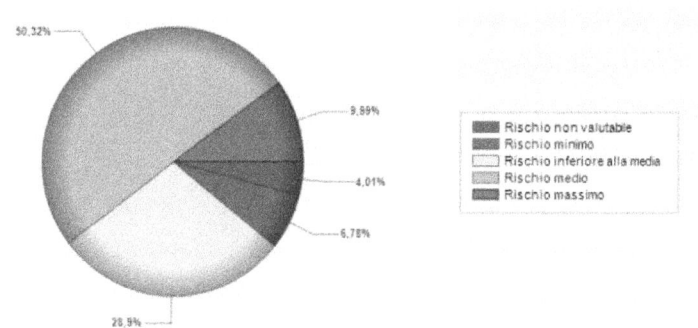

Cribis.com

Oltre all'aspetto quantitativo, è altrettanto importante avere chiara la parte qualitativa del proprio target e soprattutto dei decision marker, quindi chi sono gli interlocutori con i quali mi devo relazionare? Nel B2B molto probabilmente sono più persone. Quali sono le loro paure? Quali i loro obiettivi? Sono autonomi o no nelle decisioni? Tutte queste informazioni servono per creare il preciso profilo del proprio target e preparare strumenti di comunicazione differenti in base all'interlocutore.

Bisogna andare molto in profondità e creare un vero e proprio **"avatar"** per concepire tutti gli strumenti di marketing pensando ad esso.

Per ogni avatar devo prevedere un messaggio specifico, un processo preciso da seguire per riuscire a creare in lui il giusto interesse. Devo sapere quali sono i suoi "nervi scoperti" e lavorare su quelli.
E ognuno di loro avrà le sue obiezioni, ecco quindi che per tutti devo avere un registro dedicato con precise indicazioni su come superare quelle resistenze.

Devono preparare su carta una chiara procedura con tutto il processo da seguire diviso per singolo target di persone. Il target va approcciato in modo scientifico e predefinito, l'improvvisazione e la creatività in questi contesti deve essere messa da parte.

Riassumendo:

1. Identifica la tua azienda target attraverso le domande giuste

2. Chiediti chi devi conquistare all'interno dell'azienda target (buyer persona)

3. Crea un avatar e concepisci tutti gli strumenti di marketing in funzione di questi e dei loro problemi/desideri

U UP SELLING E CROSS SELLING

Up selling e *cross selling* sono concetti che esistono da un bel po' di tempo ma che non vanno mai fuori moda.

L'**up selling** è quella strategia che punta a vendere a un cliente un prodotto o un servizio di maggior valore rispetto alla sua scelta iniziale.

Il **cross selling** invece è una strategia che ha l'obiettivo di vendere prodotti o servizi correlati alla scelta iniziale d'acquisto, in modo da completare l'offerta.

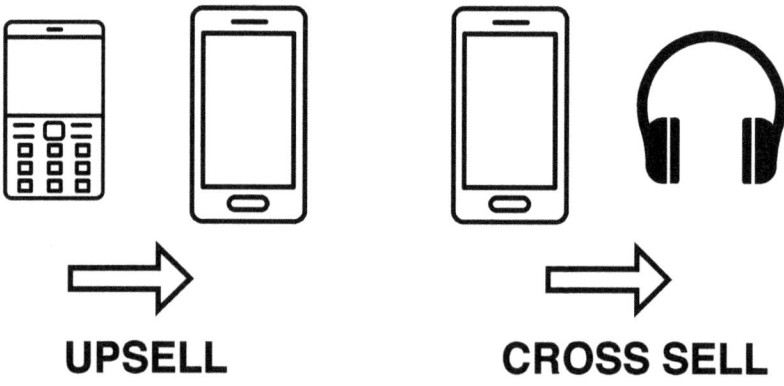

Ecco qualche esempio: se ti rechi presso un negozio di cellulari e decidi di acquistare un determinato tipo di telefono, il commesso potrebbe (dovrebbe!) proporti un telefonino simile, dalle prestazioni migliori e con un prezzo leggermente superiore. Questa sarebbe un'operazione di up selling.
Se invece ti rechi presso lo stesso negozio di cellulari, decidi di acquistare uno smartphone e il commesso ti propone una cover, ha fatto quella che viene definita tecnica di cross selling.
Gli esempi sono innumerevoli, basta pensare agli autogrill.

Quando vai a prenderti un caffè con la brioches, cosa ti chiedono alla cassa? "Vuoi anche la spremuta per fare il menù completo? Ti costa solo 1 euro in più." Scommetto che almeno una volta hai accettato. Oppure al McDonald's con la frase "vuoi anche le patatine?".

Questi due concetti spesso si legano ad altri due: **front end e back end**.

Un prodotto di **front end** è spesso di valore economico basso e rappresenta la punta dell'iceberg di una scala di altri prodotti che puntano a essere venduti. Online ti sarai trovato moltissime volte a vedere promozioni di e-book a 5 euro. Ecco, questo è un prodotto di front end. Chi l'ha realizzato, molto probabilmente lo ha fatto per fartelo acquistare con il fine di venderti degli altri prodotti a prezzo crescente (che rappresentano **il back end**).

Quando applicare l'up selling e il cross selling? Potresti sicuramente studiare una **strategia che lo preveda sempre**. Quello che consiglio, però, è di fare un'attenta valutazione dei due dati seguenti:

1. L'**ampiezza del tuo mercato potenziale**. Se operi in una **zona ridotta**, quindi se i tuoi potenziali clienti sono geolocalizzati in una o poche provincie o regioni, oppure operi in una **nicchia** veramente contenuta (e quindi **i potenziali clienti sono pochissimi**), **devi attuare queste due strategie**. Se non le applichi, ti ritroveresti ad avere un business veramente troppo contenuto.
2. La **complessità del processo di vendita** del core business aziendale. Se vendere il tuo prodotto principale risulta complesso per tutta una serie di motivazioni, ecco che studiare una strategia di cross o up selling potrebbe agevolarti nel raggiungimento dei tuoi obiettivi di vendita.

Up selling e *cross selling* sono quindi fondamentali perché **facilitano l'acquisizione dei clienti incrementando il**

fatturato a parità di numero di acquisti.
E sono delle tecniche che possono essere utilizzate anche se vendi prodotti o servizi di ticket alto.
La differenza potrebbe essere nel funnel che si andrebbe implementare, che nel caso di prodotti dispendiosi potrebbe essere più strutturato e lungo. Ma sono due metodologie che qualsiasi impresa di qualsiasi settore dovrebbe applicare.

Quindi, per applicare anche nel tuo business una strategia di up selling e cross selling devi procedere in questo modo: il primo passo è costruire una **lista di prodotti o servizi** (a valore crescente) che potresti vendere al tuo cliente prima di arrivare a quella che definisco la "vendita finale" e che rappresenta il tuo reale obiettivo (o core business). Una volta identificati questi prodotti, devi lavorare per **generare dei *lead*** da gestire tramite il tuo ***funnel* di marketing** da strutturare come visto nel relativo capitolo del libro.
Ecco un esempio di prodotti a valore crescente (B2C):
Test > Evento > Corso > One to one

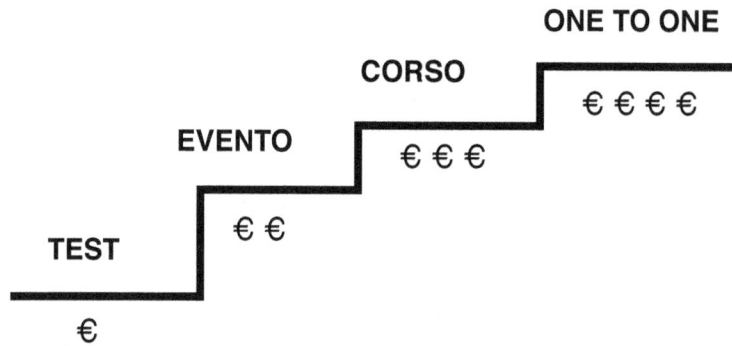

Ecco un altro esempio di prodotti a valore crescente (B2B):
Guida > Manutenzione > Ricambistica > Macchinario completo.

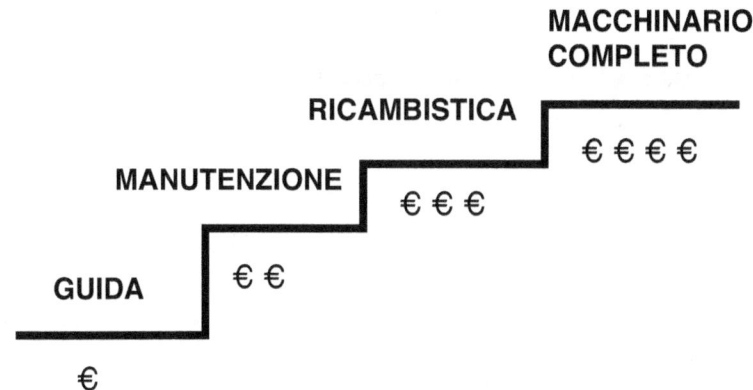

Up selling e *cross selling* sono strategie che puoi applicare anche sul tuo **portafoglio clienti**.

Acquisire un nuovo cliente è molto più complesso rispetto a vendere a un cliente già acquisito. Quindi per fare subito del fatturato, studia una strategia di *up selling e cross selling* da attuare sui clienti che hai già in portafoglio.

Questa sarebbe la prima azione di marketing che ogni impresa dovrebbe fare per aumentare da subito le proprie vendite.

Riassumendo:

1. Scopri come applicare anche tu l'up selling e il cross selling

2. Definisci le strategie più adeguate al tuo business

3. Applica l'idea inserendola nel tuo *funnel* di marketing

V VIDEO

Hai notato che sui siti, nei blog e sui social soprattutto, sono sempre di più le aziende che pubblicano video? Non è per chissà quale necessità di mostrare un abile uso dell'obiettivo, o per vantare l'utilizzo di tecnologie di ultima generazione, in grado di surfare un'onda tecnologica destinata a esaurirsi. Si tratta piuttosto di un fenomeno legato alla capacità dei filmati di trasmettere ed emozionare più rapidamente l'utente, con il minimo sforzo da parte sua. Immagino che anche tu prediliga i video a tanti altri mezzi di comunicazione.

Ora ti faccio un'altra domanda: quanti video produce la tua azienda al mese?
Purtroppo posso immaginare la risposta: "zero"?
Ecco, questo è uno dei grandi limiti delle PMI italiane che sono consapevoli dell'importanza di uno strumento ma non lo utilizzano.

I video hanno iniziato ad entrare nelle nostre vite prepotentemente con la nascita di YouTube, parliamo quindi dell'anno 2005. Da quel momento in poi è stata una scalata crescente per questo tipo di contenuti, fino ad arrivare addirittura ai video live di Facebook (hai presente le dirette?) e alla diffusione di piattaforme come Netflix.

Le stime dicono che tra meno di 5 anni **più del 80% dei contenuti presenti nel web saranno dei video**.

Il trend è in assoluta crescita, basti pensare alla nascita di social network come Snapchat che si basano solo su video oppure agli ultimi dati di Facebook che dimostrano come questa tipologia di contenuti stia crescendo sempre di più (sul social di Mark Zuckerberg vengono caricati addirittura più video giornalieri rispetto a YouTube).

I budget promozionali delle aziende americane si stanno spostando tutti sui contenuti video. Nel 2015 il 52% dei budget spesi nel marketing digitale era dedicato ai contenuti video, nel 2016 il 54%, nel 2017 il 58%. È quindi una costante crescita e come spesso accade per il marketing in generale, quello che accade negli Stati Uniti è poi quanto accadrà anche in Europa (con le debite proporzioni). In Italia per esempio il trend è il medesimo, costante crescita di contenuti e budget pubblicitari spesi sempre maggiormente per i video.

Sempre negli Stati Uniti, una ricerca di Pew Research Center, dimostra come **il video sia nel tempo diventato sempre più preferito al contenuto testuale o solo audio**. Vedere quindi un bel video risulta molto più coinvolgente e facile da fruire rispetto ad un articolo testuale di un blog o un *podcast*.

Penso siano sufficienti questi dati per farti capire quanto importante sia la produzione di video per un'azienda. Nessuna impresa può permettersi di non comunicare, quindi oggi più che mai **il video** è il **mezzo di comunicazione principale, più diretto e più efficace**.

Il tuo potenziale cliente viene costantemente sottoposto a messaggi video di tutti i tipi. Il tuo compito è innanzitutto quello di attrarre la sua attenzione e successivamente devi dargli da fruire un contenuto che sia talmente di alta qualità che spinga quella persona a iniziare a seguirti (o addirittura condividere il tuo contenuto) per arrivare poi, eventualmente, a diventare anche un tuo cliente.

Quanti video devi produrre? Più possibile, il minimo che ti consiglio è uno a settimana (se puoi, fanne uno al giorno!). Non dimenticarti poi che questo genere di contenuti va diffuso e promosso tramite tutti i tuoi canali (social soprattutto).

Se al giorno d'oggi la tua azienda non produce e pubblica video con una certa frequenza, significa che stai sottovalutando uno degli aspetti più importanti e vitali per il futuro della tua azienda. I video ormai sono il presente, non il futuro.

Spesso quando si sente parlare di video si pensa erroneamente al concetto di film. Quindi qualcosa di estremamente complesso da mettere in piedi, che necessita di tempi lunghi, attrezzature professionali e soprattutto attori protagonisti. Non è niente di tutto questo. **Oggi i video si possono fare velocemente, con semplicità**, deve essere tutto molto spontaneo perché è questo che vogliono vedere gli utenti (ovviamente fai attenzione a cosa produci perché il confine tra fare un video "naturale e spontaneo" e fare un video "ridicolo e poco professionale" è molto sottile).

Il tipo di contenuto da realizzare dipende da chi sei e cosa fai di mestiere. Pensa però alla audience, cosa potrebbe interessargli? Che tipo di contenuto potrebbe aiutarla a risolvere qualche dubbio o dare qualche spunto utile? Pensa a questo e poi realizza il tuo video.

Ecco alcuni consigli (ti invito comunque a contattare un professionista che ti farà risparmiare tempo e ti permetterà di ottenere un risultato ottimale, certamente migliore di quello che otterresti autonomamente):

- **Camera**. Puoi iniziare utilizzando il tuo smartphone per prendere un po' di confidenza con le riprese, poi ti invito a dotarti di una camera professionale o una Reflex.
- **La luce**. Devi dotarti di luci dedicate. A volte quella naturale non è sufficiente;
- **L'audio**. Ti serve un microfono professionale per ottenere un effetto audio pulito;
- **L'inquadratura**. Scegli quella che ritieni migliore e "battezza" un tuo format da portare avanti nel tempo e che ti identifichi;
- **Post produzione**. Un minimo va fatto, qualche taglio, l'inserimento di un jingle musicale di sottofondo (anche questo sceglilo e portalo avanti nel tempo).

Quanto lungo deve essere un video?

Dipende, non esiste una risposta esatta. È chiaro che la durata varia dal tipo di video ma se il contenuto che produci al tuo target piace, potresti fare un video anche da 10 minuti. Il consiglio che ti posso dare è di **farli non più lunghi di un paio di minuti**. Poi, come sempre, devi testare e verificare.

Anche nei video inserisci la tua *call to action*.

Ultimo suggerimento, ma anche il più importante: il **contenuto**. Deve essere come sempre di qualità, esprimi un concetto, relativamente breve, con un inizio e una fine.

Ricorda che oggi il contenuto video è molto più potente di qualsiasi altro formato.

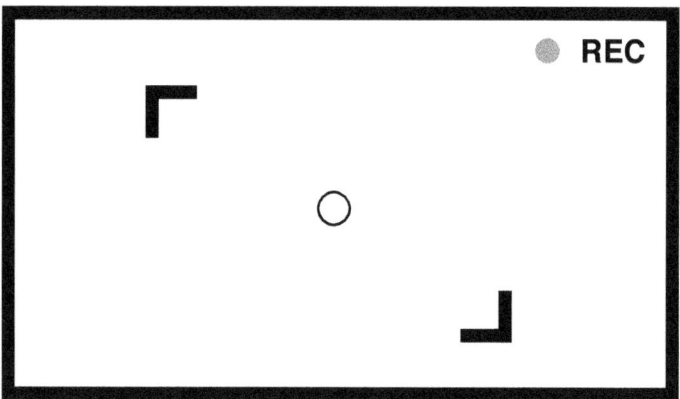

Buone riprese!

Riassumendo:

1. Video, video e ancora video

2. Dotati di un'attrezzatura di base e comincia con spontaneità

3. Fai attenzione a dare spunti utili e concreti

Z ZERO MOMENT OF TRUTH

Sì, lo ammetto, dovevo trovare un termine che cominciasse con la lettera zeta e ho avuto qualche difficoltà iniziale ad approcciare questo capitolo. Ma il **Zero Moment of Truth** è un tema attuale, che interessa ogni azienda (anche quelle del B2B) nonostante il concetto sia nato a seguito di logiche inerenti al mercato del consumatore finale.

Intanto andiamo a definire questo **ZMOT** detto anche **Momento Zero della Verità**, termine coniato da Google.
Prima dell'avvento di internet erano 3 le fasi di acquisto che andavano ad influenzare un consumatore: **stimolo, first moment of truth e second moment of truth**. Il consumatore era inizialmente raggiunto da uno stimolo all'acquisto (come per esempio uno spot), si recava presso il punto vendita e davanti allo scaffale faceva la sua scelta d'acquisto (first moment of truth). Successivamente, in un secondo momento quindi, fruiva della sua esperienza d'acquisto. Il termine first moment of truth era una vera e propria rivoluzione: coniato dalla Procter and Gamble, cambiava le regole del gioco perché da quel preciso momento era lo scaffale a giocare un ruolo determinante nelle decisioni di acquisto di un consumatore.
Google però fece un passo in avanti inserendo nel processo d'acquisto un ulteriore step, lo **zero moment of truth** appunto. Questo passaggio avviene **online**: il consumatore non decide più che cosa acquistare dopo uno stimolo e nemmeno davanti ad uno scaffale. L'utente ora prende le decisioni solo dopo essersi informato online, cercando recensioni, testimonianze, documentandosi profondamente su internet prima di compiere la scelta di acquisto.

Probabilmente sarà capitato anche a te. Prima di comprare qualcosa sarai anche tu andato su Google a cercare qualche informazione. Ecco, questo viene definito come "zero moment of truth" ed è stato un cambio veramente rivoluzionario per qualsiasi impresa, che non può più prescindere dalla sua presenza online perché è qui che si prendono tutte le decisioni di acquisto.

1. **Stimolo**
2. **First Moment of Truth**
3. **Second Moment of Truth**
4. **Zero Moment of Truth**

Che cosa c'entra il momento zero della verità con il marketing, ma soprattutto con il B2B?

Ormai **nessuna azienda può permettersi di latitare dalla rete**, evitando di comunicare e produrre contenuti per la propria audience. Oggi le persone si informano e lo fanno in prima battuta nel web, prima ancora di chiedere a un conoscente, qualsiasi sia il tipo di prodotto da acquistare (che sia un abito o un impianto di cogenerazione). La presenza nella rete con i giusti **contenuti** e il corretto modo di **relazionarsi** con il proprio target sono gli elementi che fanno la differenza. Non è più sufficiente essere presenti con il proprio sito web istituzionale, ma bisogna avere anche una chiara strategia di social media marketing e produrre contenuti, tanti, come già visto in uno dei primi capitoli del libro.
Bisogna produrre contenuti di valore con costanza ed essere presenti con articoli sui media di settore, quindi è importante implementare anche un'**attività di ufficio stampa (o PR o media relation)**. L'utente che trova articoli che parlano di te approcciandosi in maniera differente, abbasserà le sue difese di fronte all'autorevolezza del tuo brand. Per renderli disponibili devi affidarti a qualcuno che durante tutto l'anno ti dia una mano a creare e diffondere notizie di valore per il target di riferimento.

Sono questi gli elementi che fanno la differenza e sono queste le cose che l'utente considera quando si trova nel suo zero moment of truth, ovvero prima di decidere l'acquisto di un prodotto o servizio.

Quando incontri un potenziale cliente devi sapere che molto probabilmente si è già fatto un'idea su di te e i tuoi concorrenti. Quasi certamente l'incontro servirà solo per confermare un'idea che lui si è già fatto precedentemente. Praticamente se acquistare o meno da te **lo ha già deciso prima sulla base delle info che ha raccolto on line**.

Non sottovalutare la tua presenza online per distinguerti dai concorrenti: il momento zero della verità non perdona!

Riassumendo:

1. Cerca su Google se la tua azienda o il tuo prodotto sono presenti online con pubblicazioni, recensioni, ecc.

2. Intervieni costantemente nell'incrementare attività di ufficio stampa per ottenere pubblicazioni positive sul tuo prodotto o servizio

3. Sii presente sui social e stimola gli utenti a condividere testimonianze positive sul tuo prodotto o servizio

Casi studio

Di seguito riporto alcuni case history di aziende virtuose che stanno crescendo anche grazie al controllo di questi 21 elementi e al supporto de L'Ippogrifo®.

Azienda: Pavanello Serramenti
Settore: Infissi in legno
Imprenditore: Marco Pavanello

Lavoriamo con questa azienda dal 2005. Il feeling che si è andato a creare con la dirigenza va quindi oltre al semplice rapporto cliente/fornitore. La Pavanello Serramenti è composta da persone speciali, una famiglia che porta avanti la propria tradizione ma allo stesso tempo introduce sempre il massimo dell'innovazione nella propria offerta.

Con la Pavanello abbiamo sempre messo in piedi tutte le ultime novità offerte dal marketing, come per esempio la *marketing automation*, una serie di azioni che in modo automatico vanno a trasformare un semplice contatto da *prospect* a cliente acquisito. In più di 10 anni di collaborazione con questa azienda potrei citare moltissimi case history di campagne e di successi. Mi voglio però soffermare su una in particolare che ha permesso all'azienda di investire 2.000 euro per incassarne 45.000 in soli due mesi con un margine aziendale del 50%.

L'oggetto di vendita era una pergola bioclimatica, target B2B. La strategia è stata quella di implementare una *landing page* con un coupon di sconto per un periodo limitato nel tempo. Abbiamo portato traffico alla *landing* tramite Facebook e Google, geolocalizzando il target nella zona di Rovigo.
In soli due mesi i *lead* generati sono stati 73 (70% dei quali erano perfettamente in target, quindi pronti a ricevere un'offerta) e le

vendite maturate hanno portato ad un margine di ben 20.500 euro!

Ecco la testimonianza di Marco:

"Agenzia di professionisti capaci, preparati ed esperti del settore, orientata al cliente e alle sue esigenze, sempre."

F.LLI PAVANELLO SRL - Rovigo
Marco Pavanello (Direttore Commerciale e Marketing)

Azienda: Rueesch Confezioni
Settore: Abbigliamento professionale da lavoro
Imprenditore: Mirko Rueesch

Case history interessante che dimostra come una PMI italiana possa vincere anche contro la concorrenza di multinazionali se attua una strategia di marketing efficace e se si dimostra veloce, flessibile, con un prodotto diverso da quello della concorrenza. Prima di appoggiarsi alla nostra agenzia, l'azienda non aveva mai venduto i suoi prodotti all'estero. Era quindi interessata a proporsi oltre confine perché riteneva di potersi giocare la partita anche fuori dall'Italia.

Dopo uno studio approfondito del cliente, dei competitor e dei mercati potenziali, abbiamo deciso di puntare su quello francese.

L'azienda era già focalizzata nel business ma non aveva gli adeguati strumenti di comunicazione che abbiamo provveduto a realizzare nella lingua del paese obiettivo.

Dopo un anno e mezzo di attività di direct marketing (strategia principale sulla quale si era deciso di puntare) e dopo varie offerte presentate, eravamo in trattativa con alcune multinazionali leader nei rispettivi settori di business. Acquisire una fornitura con una sola di queste aziende avrebbe garantito dei fatturati importanti per gli anni a venire.

E così è stato! Rueesch, grazie alla tempestività di risposta dimostrata nei confronti del cliente e un prodotto realmente diverso dagli altri, è diventato il primo fornitore di un gruppo internazionale dal fatturato annuo di miliardi di dollari. È stata avviata una prima collaborazione che ha portato a più di 200.000 euro di ordini e l'opportunità di entrare anche in altri mercati (Canada e Islanda) visto che il cliente è una multinazionale presente in differenti paesi. Il fatturato potenziale che potrebbe generare questo tipo di collaborazione nel prossimo triennio potrebbe essere quindi importantissimo.

Ecco la testimonianza di Mirko:

"Grazie al Sistema de L'Ippogrifo® siamo riusciti a diventare fornitori ufficiali di un gruppo multinazionale anglo-australiano, terzo al mondo nel suo settore di riferimento e con un fatturato annuo di decine di miliardi di dollari. Così ora i nostri abiti da lavoro sono presenti anche fuori dai confini nazionali. Siamo felici di continuare la collaborazione con l'obiettivo di esportare i nostri prodotti nel maggior numero di mercati possibile."

RUEESCH CONFEZIONI - Canicattì (AG)
Mirko Rueesch (Socio Amministratore)

Azienda: Pada Engineering
Settore: Produzione dissipatori
Sales e Marketing Manager: Roberto Sordini

Sono ormai un paio d'anni che lavoriamo con Pada. L'azienda è estremamente focalizzata, offre un prodotto molto chiaro ad un target specifico per risolvere una problematica molto precisa. Queste ovviamente sono le condizioni ideali per poter lavorare, se poi a tutto ciò si aggiunge il fatto di poter collaborare con qualcuno che ha già esperienze di export, ecco che gli ingredienti ci sono tutti per fare un ottimo lavoro.

Anche in questo caso abbiamo messo in piedi il nostro Modello per lo sviluppo dei mercati esteri, quindi abbiamo fatto le nostre analisi iniziali per arrivare a definire i mercati obiettivo.

La Francia è stato il primo sul quale si è deciso di operare.

Abbiamo attivato il *direct marketing* e altre azioni di *inbound* marketing tramite Google e Facebook.

Dopo circa sei mesi di lavoro eravamo già in trattativa con alcuni player molto importanti.

Oggi, a due anni dalla collaborazione, siamo riusciti a chiudere ordini per quasi un milione di euro (1.000.000) e le prospettive sono di un potenziale enorme.

Questo a dimostrazione del fatto che un'azienda, quando è estremamente focalizzata nella sua offerta, con il giusto Sistema di marketing può riuscire a raggiungere degli obiettivi strepitosi anche nei mercati esteri.

Ecco la testimonianza di Roberto:

"I primi risultati in termini di vendite all'estero sono arrivati abbastanza rapidamente, dopo soli 6 mesi circa, con l'acquisizione di un cliente che ha letteralmente "sbancato". Il Metodo funziona davvero e la specializzazione nel B2B dell'agenzia si è fatta notare".

PADA ENGINEERING - Colli al Metauro (PU)
Roberto Sordini (Sales & Marketing Manager)

Conclusioni:

Innanzitutto desidero ringraziarti. Spero di averti fornito spunti utili per te e la tua impresa. Rinnovo l'invito a contattarmi per qualsiasi tipo di necessità o desiderio di confronto su tematiche inerenti al marketing B2B.

Solo un ultimo consiglio finale: tieni questo libro a portata di mano, e consultalo di tanto in tanto, potrebbe aiutarti ad applicare le regole che vi sono contenute e a far crescere il tuo business.
Provaci e vedrai che i benefici arriveranno presto.

Riservati sempre di fare i tuoi test perché i risultati potrebbero variare in base al tuo contesto. Posso però garantirti che in tutti questi anni di lavoro ho intrapreso nelle mie aziende e in quelle dei miei clienti le azioni che ho descritto, con risultati sempre evidenti nel medio e lungo periodo.

Per avere successo al giorno d'oggi nel B2B non puoi prescindere da un marketing forte che prenda in considerazione questi 21 fattori.

Come ti sarai reso conto, non potrai fare personalmente tutto quello che ho indicato, ci sono ovviamente delle attività che devono essere fatte da dei professionisti. Trova le figure che possano svolgere quelle precise parti di processo, l'importante è che la delega sia fatta con la giusta consapevolezza: devi essere sempre tu il regista di tutte le attività.

Se infine vuoi rivolgerti ad un unico interlocutore che possa applicare tutto quello che hai letto, sono a disposizione con il mio team per mettere in pratica insieme a te il miglior piano di marketing per la tua impresa.

Ti auguro un futuro di successo grazie al marketing!

Bonus:

Tutti i lettori di questo libro possono effettuare l'iscrizione ad AIMB2B con uno sconto del 20% (pari a 40 euro).
AIMB2B, che ho contribuito a fondare, è la prima associazione in Italia specializzata nel marketing business to business. Tutti gli associati potranno beneficiare di moltissimi contenuti formativi, oltre che report e analisi di settore sempre aggiornati.
Per associarti puoi andare qui: **www.aimb2b.org/come-associarsi.php** e inserire il codice di invito mBB3I8Or

Ed infine, se non lo hai ancora fatto, iscriviti al nostro gruppo su Facebook nel quale parliamo quotidianamente di marketing B2B, sono certo che troverai moltissimi spunti utili per te e la tua azienda **https://www.facebook.com/groups/ippogrifogroup.**

Fammi sapere cosa ne pensi.

Restiamo in contatto, ecco i miei profili:

LinkedIn: **https://www.linkedin.com/in/neviozucca29/**

Facebook: **https://www.facebook.com/nevio.zucca**

L'ABC del Marketing B2B

Note:

#abcmarketingb2b

Note:

www.ingramcontent.com/pod-product-compliance
Lightning Source LLC
Chambersburg PA
CBHW051130160426
43195CB00014B/2412